Harald Donke
Holzschnitzen

Harald Donke

Holzschnitzen

Ravensburger Ratgeber
im Urania Verlag

Bei folgenden Einrichtungen und Firmen
möchte ich mich für die Unterstützung bei der
Entstehung des Buches bedanken:

Berufliche Schulen des Odenwaldkreises/
Berufsfachschule für Holzbildhauer,
Erbacherstr. 50, 64720 Michelstadt

Schnitz- und Drechslerwerkzeuge, Carl Heidtmann GmbH,
Monschaustr. 59, 42 353 Wuppertal – Ronsdorf, Postfach 210 316

Alfred Clouth Lackfabrik, Postfach 100 363, 36003 Offenbach

Leinos Naturfarben GmbH, Wertenburgerstraße 29,
51491 Heiligenhaus

Ludwig Rosner Lackfabrik, Siebenbürgerstraße 7,
82538 Geretsried

Die Deutsche Bibliothek – CIP-Einheitsaufnahme
Ein Titeldatensatz für diese Publikation ist bei
Der Deutschen Bibliothek erhältlich.

Alle in diesem Buch veröffentlichten Abbildungen
und Modelle sind urheberrechtlich geschützt und dürfen
nur mit ausdrücklicher Genehmigung des Verlages
und der Urheber gewerblich genutzt werden.
Die Ratschläge in diesem Buch sind vom Verlag
sorgfältig erwogen und geprüft, dennoch kann eine
Garantie nicht übernommen werden.
Eine Haftung des Verlages und
seiner Beauftragten für Personen-, Sach- und
Vermögensschäden ist ausgeschlossen.

www.dornier-verlage.de
www.urania-ravensburger.de

Originalausgabe
2. Auflage August 2001
© 1996 Urania Verlag, Berlin
Der Urania Verlag ist ein Unternehmen
der Verlagsgruppe Dornier.
Alle Rechte vorbehalten.
Umschlagkonzept: Kraxenberger
Kommunikation, München
Umschlaggestaltung: Ekkehard Drechsel BDG
Umschlagfotos und Fotos:
Werner Huthmacher
Zeichnungen: Heide Birkelbach
Gesamtherstellung: Himmer, Augsburg
Printed in Germany

Der Titel erschien bisher unter der ISBN 3-332-00923-0.

ISBN 3-332-01285-1

Inhalt

6 Holz, das vielfältige Material	42 Das Tierrelief
10 Der Werkplatz	44 In der Hand schnitzen
14 Schleifverfahren und -geräte	50 Krippenfiguren
18 Schatulle mit Kerbschnittmotiv	58 Die Blockverleimung
22 Schalen schnitzen	62 Oberflächenbehandlung
24 Rosetten	
26 Ornamentschweif	
30 Schriften	
36 Das Relief im Holz	
38 Stehende Figur	

Holz, das vielfältige Material

Wenn Sie mit dem Holzschnitzen beginnen möchten, sollten Sie dies zuerst mit einfachen Gegenständen tun, und selbst dann ist der erste Versuch noch nicht immer der beste. Es sollte aber kein Grund für Sie sein, sich entmutigen zu lassen. Eigentlich braucht man zum Schnitzen kein außergewöhnliches Talent. Viel wichtiger ist die Geduld zum Erlernen eines sicheren Schnitts. Die nachfolgenden Übungen sind verschiedenen Gebieten der Holzschnitzerei entnommen und sollen als Anleitung und Anregung dienen.

Die meisten einheimischen Holzarten können zum Schnitzen verwendet werden. Ihr unterschiedliches Aussehen und ihre Eigenschaften haben aber Einfluß auf den Verwendungszweck und die Bearbeitbarkeit. Als klassisches Schnitzholz wird die Linde sehr geschätzt. Der Baum liefert ein gleichmäßig strukturiertes Holz mit gelb-weißlicher Färbung. Auch wenn seine Härte sehr unterschiedlich ausfallen kann, läßt es einen fließenden Schnitt zu. Für die ersten Schnitzversuche ist es unbedingt zu empfehlen.
Weich und leicht ist das Holz der Weymouthkiefer oder der Strobe. Es hat aufgeschnitten eine rötliche Färbung und einen angenehmen Geruch. Die gleichmäßige Holzstruktur, bei der die Härteunterschiede zwischen Früh- und Spätholz kaum ins Gewicht fallen, kommt der Bearbeitung mit dem Schnitzwerkzeug sehr entgegen. Im Gegensatz zur Linde kann das wenig arbeitende Holz mit Einschränkungen auch im Freien Verwendung finden und wird häufig für Balkongeländer verwendet.
So angenehm ein weiches Holz ist, müssen die Werkzeugschneiden trotzdem bestens gepflegt sein, um ein Zusammenschieben der Holzfasern zu vermeiden. Als Material für kleine, feinteilige Schnitzarbeiten kann das Strobenholz auch die Zirbelkiefer ersetzen.
Zu den harten Laubhölzern zählen Eiche, Nußbaum, Ahorn sowie Birnbaum und Eschenholz.
Diese Hölzer erfordern eine gewisse Eingewöhnung beim Schnitzen, sind aber gut für hochwertige Schnitzarbeiten. Für Arbeiten, die im Freien stehen, kommt nur das dauerhafte Eichenkernholz in Frage. Das hellbraune, grobporige Holz hat einen schweren Charakter und zeigt eine lebendige Maserung mit den sogenannten Spiegeln.
Relief- oder Schriftarbeiten kommen auf Birnbaum- oder Ahornholz besonders gut zur Geltung. Das helle bis weißliche Ahornholz ist wie die rötliche Birne schwach gemasert. Beides sind sehr dichte Holzarten, die Kanten und Oberflächenstrukturen hart hervortreten lassen.
Ähnlich wie der rötlich gemaserte Kirschbaum hat das Nußbaumholz mit brauner Färbung eine lebhafte Maserung. Von den beiden Hölzern läßt sich Nußbaum angenehmer schnitzen. Beide Hölzer können dort ihre lebendige Wirkung entfalten, wo die Formgebung hinter der Materialwirkung zurücktritt.
Birken- und Erlenholz sind auch für den Schnitzer wichtige Materialien und leicht zu beschaffen. Sie sind aber vom Schnitt her etwas rauh und zäher als Linde.
Nadelhölzer, wie Tanne, Fichte oder die gemeine Kiefer, haben als reine Schnitzhölzer nur mäßige Qualitäten. Bedingt durch die unterschiedliche Härte zwischen den Jahresringen ist die Struktur eher ungleichmäßig. Zudem machen Astigkeit, Harzeinschlüsse und gelegentlich vorkommende nagelharte Stellen das Schnitzen dieser Hölzer zusätzlich schwierig.
Der gewerbliche Holzbildhauer hat mit diesen Hölzern trotzdem immer wieder zu tun, da sie, im Innenausbau viel verwendet, auch beschnitzt werden müssen.
Erwähnenswert ist noch das Pappelholz. Am besten läßt es sich in nassem Zustand schneiden. Trocken reagiert es federnd und stumpft die Eisen ab. Schnitte im Quer- oder Hirnholz bewirken oft ein Zusammenschieben des Holzes.

Holz von innen gesehen

Am Hirnholz- oder Radialschnitt eines Stammes läßt sich der Aufbau des Holzes gut erkennen. Der Stamm hat folgende, von außen nach innen kreisförmig angeordnete Schichten:

Holz, das vielfältige Material

**Lindenholzbohlen im Hirnholzschnitt.
Die Kernverfärbung ist nur gering.**

1. Rinde mit der abblätternden Borke. Sie bildet die äußere Schutzummantelung des Baumes.
2. Bastschicht. Sie bildet nach außen die Rinde.
3. Die Kambiumschicht oder Wachstumszone. In dieser Schicht vollzieht sich das Dickenwachstum.
4. Das Splintholz. Es dient der Satt- bzw. Wasserführung des Stammes und wird von den äußeren Jahresringen gebildet.
5. Das Kernholz. Die innenliegenden Jahresringe mit oft dunkler Holzfärbung.
Die Dicke der Splintholzschicht unterscheidet sich je nach Baumart. Bei manchen Arten bildet sie nur einen schmalen Ring, bei anderen geht sie bis zum Kern durch. Man spricht dann von Kern- oder Splintholzbäumen. Die im Hirnholzschnitt sichtbaren hellen Jahresringe sind das im Frühjahr gewachsene Frühholz, die im Spätsommer und Herbst gebildeten dunkleren Jahresringe werden als Spätholz bezeichnet.

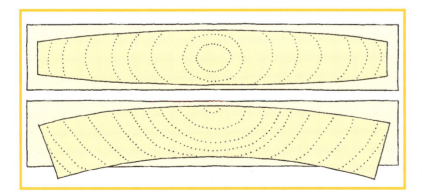

Formänderung des Holzes beim Trocknen.

Holz, das vielfältige Material

Das Arbeiten des Holzes

Der hohe Wasseranteil im frisch geschlagenen Holz wird durch das Trocknen langsam abgegeben. Dabei verringert sich das Holzvolumen. Das Holz kann schwinden und verzieht sich.
Umgekehrt quillt das trockene Holz, wenn es in einer Umgebung mit hoher Luftfeuchtigkeit wieder Wasser aufnimmt.
Diese Volumenänderung des Holzes bezeichnet man als Arbeiten. Es ist von Holzart zu Holzart verschieden und muß bei der Verarbeitung berücksichtigt werden. Zu den stark arbeitenden Hölzern zählen Birke und Lärche, während Linde und Weymouthkiefer weniger arbeiten.

Vom Baum zum Werkholz

Die beste Zeit zum Holzfällen ist der Winter, da der Baum die Saftführung während dieser Zeit einstellt. Das Holz hat einen geringen Feuchtigkeitsgehalt und ist unempfindlicher gegen Schädlinge.
Das gefällte Holz wird in Güteklassen eingeteilt und der Stamm dann in Abschnitte unterteilt.
Für unsere Zwecke eignen sich im Sägewerk zugeschnittene Bohlen in den Stärken von 4 cm, 6 cm, 8 cm und 10 cm. Der Holzpreis richtet sich nach dem aktuellen Kubikmeterpreis.

Die Einteilung eines Baums.

Die Holzbeschaffung

Für kleinere Schnitzarbeiten oder zum ersten Ausprobieren sind in Hobby- oder Bastelgeschäften fertig zugeschnittene Lindenholzstücke in handlichen Größen erhältlich.
Auch in holzverarbeitenden Betrieben, wie Tischlereien oder Zimmereien, können Sie trockene Restholzstücke finden. Es muß nicht immer gleich Lindenholz sein.
Abgelagertes Holz in Brett- oder Bohlenstärken ist auch im Holzhandel zu finden. Sägewerke bieten trockenes oder frisch geschnittenes Holz in vielen Abmessungen. Wenn Platz zum Holzlagern vorhanden ist, lohnt sich der Kauf von billigerem, frisch eingeschnittenem Holz. Auch bei Gartenbaubetrieben, Landwirten oder Forst- und Straßenbaubehörden kann man nachfragen, um Stammholz zu bekommen, und nicht zuletzt hat schon mancher Brennholzstapel für den Schnitzer brauchbare Stücke enthalten.

Aufbereitung, Lagerung und Pflege

Ein Stamm sollte am besten in Rundholzabschnitte gesägt oder aufgespalten werden. So läßt er sich leichter abtransportieren. Solche Holzstücke werden dann am Hirnholzende mit Leim und Zeitungspapier überklebt, um den Trocknungsvorgang zu regulieren. Dadurch treten weniger Hirnholzrisse auf.
Zum Aufbewahren der Holzstücke eignet sich ein gut belüfteter und trockener Ort.
Bretter, Bohlen oder Stammhälften werden durch Unterlegen von schmalen Holzleisten, den Stapelhölzern, aufgelegt oder gestapelt, so daß die ganze Holzfläche belüftet ist. Niemals sollte Holz flach auf dem Boden gelagert werden. Werden mehrere Bretter im Freien zu einem Holzstapel aufgesetzt, so sollte er durch Unterbauen von Steinen oder Kanthölzern mindestens 20 cm vom trockenen Untergrund entfernt sein. Eine überstehende Abdeckung verhindert das Eindringen von Regenwasser. Die Hölzer liegen gleichmäßig übereinander, wenn die Stapelleisten einen gleichen Quer-

Holz, das vielfältige Material

Zum Trocknen als Blockstapel aufgesetzter Baumstamm.

Rohholzstücke müssen mit Bodenabstand gelagert werden.

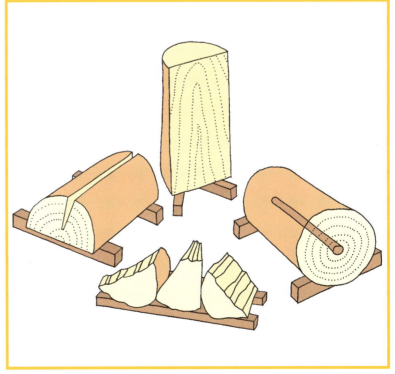

schnitt haben und in gleichen Abständen aufgelegt sind. Das Einreißen der Hirnholzenden beim Trocknen wird reduziert, wenn dort überstehende, breitere Stapelhölzer verwendet werden, welche die Enden vor direkter Sonneneinstrahlung schützen.

Ganze Stämme oder Rundholzabschnitte lassen sich kaum rißfrei trocknen. Das Einschneiden der Stämme bis zum Kern oder das Ausbohren des Kerns nehmen dem Holz die Spannung und reduzieren die Reißgefahr. Ähnlich wie bei Stammhälften ist auch hier das Unterlegen von Abstandshölzern ratsam. Schon gerade gehobelte Brettstücke behalten ihre Form, wenn sie aufrecht gestellt werden.

Der Werkplatz

Schnitzecke mit Seitenlicht.

Die Mindestanforderungen an einen Platz zum Schnitzen sind gutes Licht, eine Heizung und ein Fußbodenbelag, der an einem herunterfallenden Schnitzeisen keine Scharten hervorruft.

Ein stabiler, feststehender Tisch mit einer kräftigen, überstehenden Platte zum Befestigen von Schraubzwingen tut als Arbeitsfläche gute Dienste.

Die Schnitzeisen sollten sicher aufbewahrt werden. Es gibt spezielle Segeltuchwerkzeugtaschen, die auch für den Transport geeignet sind. Ein Werkzeugbrett mit Halteleisten ermöglicht eine griffbereite Aufbewahrung.

Nützlich ist auch eine schwenkbare Lampe, um das Werkstück seitlich beleuchten zu können. Das unentbehrliche Schleifgerät sollte etwas entfernt von empfindlichen Werkzeugen entfernt stehen, da hier Schleifstaub entsteht. Seine Montage auf einer Wandkonsole in Stehhöhe ist sehr praktisch.

Der Werkplatz

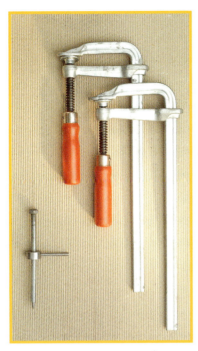

Werkstückbefestigung: stabile Schraubzwingen und Figurenschraube für kleinere Arbeiten.

Dazu benötigt man Ablageflächen für eine Schutzbrille und die Abziehsteine. Zwei stabile Schraubzwingen gehören ebenfalls zur Grundausstattung. Sie ermöglichen das Festspannen flacher Werkstücke.
Auch ein Maßstab, Zeichenutensilien, Bohrer und Schraubendreher sind für manche Arbeiten hilfreich.

Die Schnitzwerkzeuge

Zu diesen Werkzeugen gehören Schnitzbeitel oder Schnitzeisen sowie Schnitzmesser. Erstere sind Werkzeuge aus hochwertigem, legiertem Stahl. Zum Anfassen ist auf die Angel ein achteckiges Weißbuchenheft aufgeschlagen. Die Eisen können von den Herstellerfirmen über Katalog bezogen werden. Aber auch im Werkzeugfachhandel und in gut sortierten Hobbygeschäften sind sie erhältlich.
Die Eisen, die in vielen Formen und Größen hergestellt werden, sind zur Kennung in Stich, Schneidenbreite und Blattausführung unterteilt.
Als Stich wird die Krümmung der Schneide in der Vorderansicht bezeichnet. Kennzahlen von 1 – 11 geben die unterschiedlichen Krümmungen an. Balleisen haben z. B. einen Stich 1, während Hohleisen einen Stich 11 haben. Zu jeder festgelegten Stichform gibt es dann Breiten, die von 1 mm bis etwa 35 mm reichen. Die Kennzeichnung 41 bezeichnet den Geißfuß mit V-förmiger Schneide. Blattausführungen gibt es in geraden, gekröpften und gebogenen Formen.
Für den Anfang genügt eine sinnvoll zusammengestellte Auswahl von fünf bis zehn Eisen.
Für die im folgenden beschriebenen Schnitzarbeiten wurden die nachstehend aufgeführten Werkzeuge verwendet:

Balleisen:
Stich 1/14 mm
Stich 1/25 mm

Gute Beweglichkeit ermöglichen runde Bildhauerklüpfel.

Die Abziehsteine.

Gerade Balleisen Stich 2,5/22 mm, Stich 1/25 mm und 1/14 mm.

Der Werkplatz

Oben links:
Flachhohle Eisen Stich 7/20 mm, Stich 5/10 mm und Stich 4/6 mm.

Oben rechts:
Hohleisen 16 und 10 mm breit sowie Geißfuß und Schnitzmesser.

Links:
Für Sonderfälle Stich 11/2 mm für Zierschnitte, geschweifte, gekröpfte, gebogene Eisen.

Flacheisen:
Stich 2,5/14 mm
Stich 2,5/22 mm
Stich 4/16 mm
Stich 5/10 mm

Hohleisen:
Stich 7/20 mm
Stich 11/10 mm
Stich 11/16 mm

Geißfuß:
Stich 41/5

Kerbschnitzmesser oder Schnitzerklinge

Die Befestigung der Werkstücke

Nicht jeder Schnitzer besitzt eine Werkbank, bei der die Werkstücke zwischen die Bankhaken oder die Backen der Zwinge gespannt werden können.

Man kann aber auch ohne sie auskommen. Am einfachsten lassen sich flache Werkstücke mit zwei Schraubzwingen direkt auf der Arbeitsfläche befestigen. Dies hat aber oft den Nachteil, daß man in der Bewegungsfähigkeit eingeschränkt ist, da sich die Zwingen in der Nähe des unmittelbaren Arbeitsbereichs befinden. Mehr Platz bekommt man, wenn das rückseitig blankgehobelte Werkstück mit einer Zwischenlage aus Zeitungspapier auf ein größeres Brett aufgeleimt wird. Am besten eignet sich dazu ein Stück Tischlerplatte, die die Werkzeugschneide beim Daraufstoßen nicht abstumpft. Die Papiereinlage ermöglicht es, das fertiggestellte Werkstück durch vorsichtiges Unterschlagen mit einem Balleisen wieder von der Unterlage abzulösen. Anstatt zu leimen, läßt sich das Werkstück auch mit Schrauben rückseitig befestigen. Die zurückbleibenden Löcher sollten aber an später nicht sichtbaren Stellen sein oder an Stellen liegen, die noch weggeschnitzt werden.

Sollen mehrere gleich große Stücke nacheinander bearbeitet werden, kann man sich auch eine Haltevorrichtung anfertigen.

Beim Bearbeiten von Figurenklötzen muß die Beweglichkeit des Werkstücks gewährleistet sein. Dies läßt sich durch Aufspannen auf einen Galgen mit der Figurenschraube erreichen. Der Galgen ist im einfachsten Fall ein 50 - 70 cm langes Kantholz von mindestens 6 x 6 cm Querschnitt. Am Ende befindet sich mittig eine durchgehende Bohrung von ca. 12 - 30 mm Durchmesser. Die Figurenschraube in leichter oder schwerer Ausführung besteht aus der Gewindespindel, die tief in das von unten vorgebohrte Werkstück hineingedreht wird. Eine aufgeschweißte Mutter oder eine Vierkantausformung am Ende ermöglichen das

Der Werkplatz

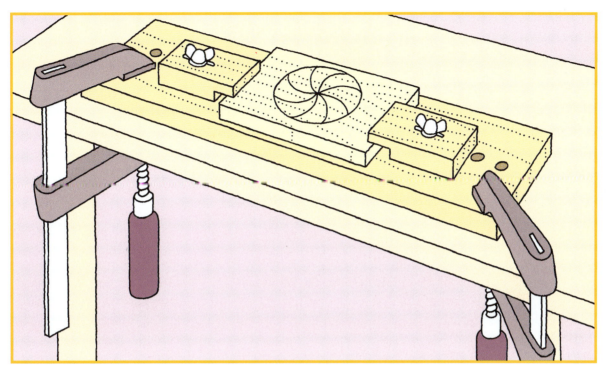

Verstellbare Haltevorrichtung für flache Werkstücke.

Ansetzen eines Schraubenschlüssels. Mit einer Rund- oder Knebelmutter kann man die durch den Galgen gesteckte Spindel fest anziehen. Der Galgen mit aufgeschraubtem Figurenklotz wird dann in der Werkbank oder mit Schraubzwingen gehalten.

Günstige Arbeitsmöglichkeiten bietet ein L-förmiger, rechtwinklig abgeknickter Galgen aus kräftigem Kantholz. Er wird aufrecht in der Werkbank gehalten. Der kurze Schenkel kann in eine waagrechte oder geneigte Position gebracht werden. Er nimmt in seiner Bohrung die Figurenschraube auf.

Beim Anfertigen einer hochbeinigen Tierfigur muß zum Eindrehen der Figurenschraube ein ausreichend starker Sockel vorgesehen werden.

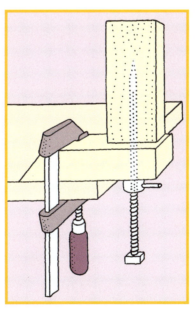

Aufspannen des Figurenklotzes.

Schleifverfahren und Schleifgeräte

Beim Naßschleifgerät rotiert die Abziehscheibe mit höherer Drehzahl als der Schleifstein.

Die Schnitzeisen lassen sich sowohl im Naß- als auch im Trockenschleifverfahren schärfen. Für jedes Verfahren gibt es spezielle Geräte, die auch in preisgünstigen Ausführungen in vielen Werkzeug- oder Hobbygeschäften erhältlich sind.
Für Ungeübte ist die Anschaffung eines Naßschleifers zu empfehlen. Er ist mit einem in einem Wasserbad laufenden, künstlich hergestellten oder natürlichen Sandstein ausgerüstet. Das Wasser sorgt für ständige Abkühlung und verhindert das gefürchtete Ausglühen im Schneidenbereich.
Bei diesen Geräten ist es wichtig, den Wasserbehälter bei längerer Standzeit zu entleeren, da sonst der Schleifstein weich werden kann.
Mit diesem Schleifgerät können fabrikneue Eisen mit vorgeschliffener Fase zügig geschärft oder auch tiefe Scharten, die an schon benutzten Schneiden entstanden sind, beseitigt werden. Bei Arbeiten am Schleifgerät eine Schutzbrille tragen.

Das Schärfen der Werkzeuge

Zum Schnitzen lassen sich nur Werkzeuge gebrauchen, die einwandfrei geschärfte Schneiden haben. Daher ist es auch für den Anfänger unerläßlich, sich an das Schleifen zu wagen, um sich eine rasiermesserscharfe Schneide an sein Werkzeug selbst anzuschleifen.
Schnell laufende Doppelschleifgeräte für den Trockenanschliff sind meist mit zwei unterschiedlich gekörnten Schleifscheiben aus Elektrokorund bestückt. Bei diesen Maschinen kann die entstehende Reibungshitze dem gehärteten Schneidenstahl zusetzen und ihn schlimmstenfalls ausglühen. Schon bei leichten Gelbverfärbungen beginnt die Härte nachzulassen. Solche Stellen müssen wieder ganz weggeschliffen werden. Daher darf der Trockenschliff nur mit geringem Druck des Werkzeugs gegen die Schleifscheibe ausgeführt werden. Eine gelegentliche Zwischenkühlung in einem Wasserbad ist dabei empfehlenswert.

Trockenschleifgerät mit Abziehscheibe.

Das Anschleifen der Fase

Der Neuanschliff oder das Nachschleifen erfolgt bei allen Werkzeugen stets an der Fase, lediglich das abgeschrägte Balleisen macht mit beidseitig abgeschrägter Spitze die Ausnahme. Die Hand, die das Werkzeug hält, wird beim Schleifen an der Maschinenauflage abgestützt. Mit der anderen Hand am Heft wird der Anstellwinkel zwischen Längsachse des Blattes und Schleifstein

Schleifverfahren und Schleifgeräte

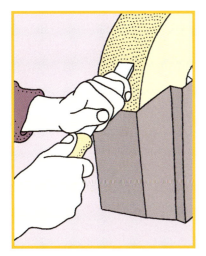
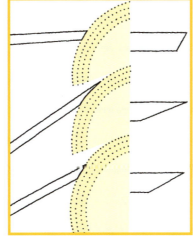

Ganz links:
Trotz seitlicher Bewegung sollte ein konstanter Anlagewinkel eingehalten werden.

Links:
Die Fasenlänge beeinflußt stark die Schneidewirkung.

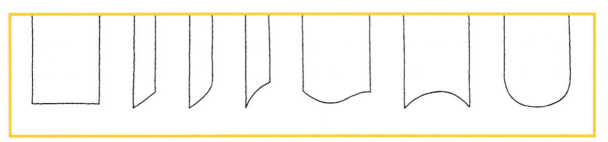

Fehlerhaft angeschliffene Schnitzeisen.

reguliert. Um den Stein gleichmäßig abzunutzen, sollte das Schnitzeisen geradlinig etwas seitlich hin und her bewegt werden. Eine gut ins Holz fassende Schneide erhält man, wenn die Fase auf eine Länge angeschliffen wird, die etwa der doppelten Stärke der Klinge entspricht. Sie wird auch beim Schneiden in hartem Holz gut ihre Schärfe behalten. Zu kurz angeschliffene Schneiden dringen schwer ins Holz und rutschen eher über die Oberfläche. Ein extrem langes Anschleifen kann aber ein Ausbrechen der Schneide zur Folge haben. Nach dem Anschleifen sollte die Fase gerade und rechtwinklig zur Werkzeugachse liegen, ohne wellige, seitlich vorspringende oder an den Ecken gerundete Schneidenformen zu haben. Ebenso beeinträchtigen rundgeschliffene oder ganz hohl ausgeschliffene Fasen die Schnittleistung.

Manche Schleifgeräte sind zusätzlich mit einem Naßschleifband ausgerüstet, das einen Naßschliff ermöglicht. Das Band läuft über eine ebene Auflage und gestattet einen Geradschliff der Fase.

Beim Geradschliff kann die Fase etwas länger ausgezogen werden als beim Hohlschliff, ohne ein Ausbrechen der Schneide zu riskieren. Dieses Schleifverfahren eignet sich wegen des schnellen Verschleißens der Schleifbänder nur zum Schärfen kleinerer Schnitzereien.

Schleifverfahren und Schleifgeräte

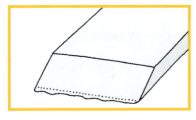

Der Grat muß durchgehen.

Anschliff und Fasenform bei Hohleisen.

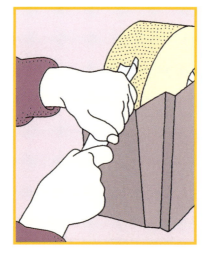

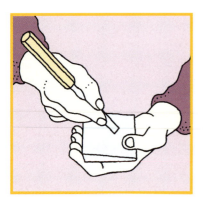

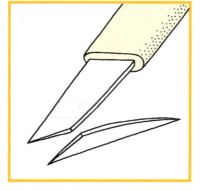

Mitte links:
Anders als den Arkansasstein benutzt man den Belgischen Brocken mit Wasserzugabe.

Mitte rechts:
Profilierter Hohlmeißelstein für Hohleisen und Geißfuß.

Links:
Spitzes Ausschleifen der Schnitzmesserklinge.

Der Grat

Ein richtig abgeschliffenes Schnitzeisen ist aber noch nicht einsatzfähig, denn der Grat muß noch abgezogen werden. Es handelt sich dabei um einen hauchdünnen Metallrest, der an der vorderen Kante der Fase übersteht. Dies geschieht mit einem Arkansas- oder Ölstein. Mit ihm wird unter Zugabe von Petroleum die Fase bestrichen. Die nebenstehende Abbildung zeigt die Haltung des Abziehsteins, mit der eine geradlinige Bewegung ohne Kippeln auf der Fase erreicht wird, bis der Grat von selbst abfällt.

Das Schleifen der Flach- und Hohleisen geht ähnlich vonstatten. Hinzu kommt aber eine Drehbewegung in der Längsachse. Das Abziehen der Innenfläche erfolgt mit dem Hohlmeißelstein. Er hat sowohl runde als auch spitze Kanten (Abb. 7). Fehlerhafte Anschliffformen sind auch hier vorspringende Ecken bzw. löffelartige Ausformungen.

Der Geißfuß wird an den Flanken wie ein Balleisen geschärft, das untere Auge wie ein kleines Hohleisen. Beim Schärfen eines Schnitzmessers sollte man vorsichtig vorgehen, da die Schneide rasch abnimmt. Eine rasiermesserscharfe Schneide ergibt sich auch hier durch geradliniges Schleifen und sorgfältiges Abziehen.

Mit einem Lederriemen und Politurpaste kann die Schneidwirkung einer frisch abgezogenen Schneide noch verstärkt werden.

Schleifverfahren und Schleifgeräte

Schatulle mit Kerbschnittmotiv

Das einfache Wegschnitzen von Holz und das Einschneiden von Kerben sind die Grundtechniken beim Herstellen einer Schatulle aus Lindenholz. Dazu benötigt man zwei gehobelte und rechtwinklig geschnittene Brettstücke mit den Maßen 22 x 12 x 2,5 cm. Zuerst wird in jedes Brettstück eine Vertiefung von 20 x 10 x 1,5 cm eingearbeitet, so daß ein Rand von 1 cm außen stehen bleibt. Die Mulde sollte bis zum rund aufsteigenden Rand eine ebene Grundfläche haben. Mit dem Hohleisen 7/16 müssen zuerst die gröberen Holzpartien weggeschnitzt werden. Das Blatt des Eisens wird dazu fest umfaßt. Die Klinge sollte dabei nur noch wenig hervorstehen. Das Heft liegt in der anderen Hand. Wichtig zur sicheren Schnittführung ist hierbei ein guter Kontakt zwischen Handballen und Werkstückoberfläche. Das Eisen wird in geringer Entfernung vom Rand auf die Holzoberfläche aufgesetzt, um einen Schnitt quer zur Längsrichtung des Holzbrettchens zu beginnen. Mit

Holzfaserverlauf in Längsrichtung des Brettchens.

Eckausformung mit dem Hohleisen.

etwas Druck auf das Heft dringt die Schneide in das Holz. Dann arbeitet man sich mit mehreren Schnitten zum gegenüberliegenden Rand. Auf diese Weise wird die ganze Fläche Schnitt neben Schnitt ausgearbeitet und tiefergelegt.

Die Ecken werden deutlich ausgeformt, wenn mit dem Hohleisen 11/20 steil eingesetzt wird und der Schnitt zum Grund der Mulde ausläuft. Mit dem zunehmenden Ausarbeiten bekommt man immer mehr das Gefühl für die Eigenheiten des Holzes, so daß nun auch versucht werden kann, mit dem Hohleisen 11/15 den Rand auszuformen. Die Handhabung des Eisens ist die gleiche wie bisher, nur die Schnittrichtung verläuft nun unmittelbar parallel zur Randlinie in Richtung der Holzfaser und quer an den kurzen Rechteckseiten.

Holzfaserverlauf und Schnittrichtung

Es wird bald deutlich, daß sich das Holz nicht in alle Richtungen gleich gut schneiden läßt. Schon geringe Abweichungen der Holzfaser von der beabsichtigten Schnittrichtung kann zu einem unsauberen Schnittbild oder sogar zum Ausreißen führen. Ursache dafür ist die Keilwirkung des Schitzeisens, das gewissermaßen zwischen die Holzfasern zu dringen versucht, wenn diese in einem spitzen Winkel zur Schnittrichtung liegen. Anders ist es dagegen bei einem stumpfen Winkel, wo die Holzfasern vom Druck der Schneide aufeinandergedrückt werden und ein sauberer Schnitt entsteht.

Bei einem Schnitt mit dem Hohleisen hat man meist beides zusammen. Man muß deshalb immer so schneiden, daß die Holzfasern aufeinandergedrückt werden.

Beim Schneiden des Randes der Vertiefung muß daher die Schnittrichtung unbedingt von der anderen Seite kommen, wenn das Holz über die Linie auszureißen beginnt. Beim Schneiden der Schmalseite muß quer zur Faser geschnitten werden. Das Hohleisen sollte dazu beim Vorwärtsschub im Handgelenk etwas gedreht werden, um die Holzfasern sauber abzuschneiden.

Schatulle mit Kerbschnittmotiv

Für tiefe Stellen – das gekröpfte Eisen.

Sauberschneiden

Die Austiefung wurde zwar nun in eine rechteckige Form gebracht, hat aber noch alle Schnittkanten und Grate des Ausarbeitens. Diese werden mit dem gekröpften Eisen weggeschnitten und geglättet. Die abgekröpfte Form des Eisens erlaubt auch das Schneiden in Vertiefungen, ohne daß das Eisen im Holz hängenbleibt.

Der Kerbschnitt

Der Kerb- oder Keilschnitt, eine der klassischsten Schnitztechniken, läßt viele Gestaltungs- und Ziermöglichkeiten auf Holzoberflächen zu. Er ist das Resultat von geraden oder kurvigen V-förmigen Einschnitten in die Holzoberfläche. Das Einschneiden von geraden Linien erfolgt in drei Phasen:

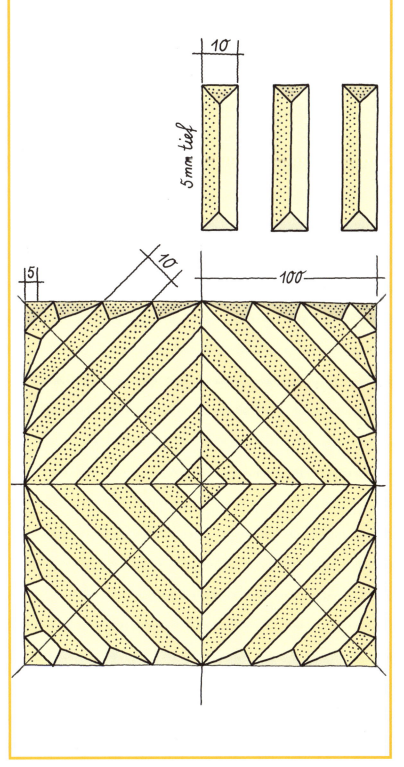

Aufzeichnung für ein gerades und ein diagonales Kerbmotiv.

Schatulle mit Kerbschnittmotiv

Das Holz wird durch das Freischneiden entspannt.

Balleiseneinstich über Eck.

1. Freischneiden
2. Ecken vorstechen
3. Fertigschneiden

Der Schatullendeckel ist mit einem Muster aus nebeneinanderliegenden Kerben überzogen, die diagonal zur Holzfaser verlaufen und ein Feld von 10 x 20 cm bedecken. Die unterschiedlichen Kerblängen werden mit verschieden breiten Balleisen geschnitten. Die Abbildung zeigt das Vorschneiden mit dem Geißfuß. Die Ecken werden mit schrägem Schneideneinsatz vorgestochen. Die endgültige Ausarbeitung erfolgt mit dem Balleisen. Wird das Balleisen beim Herausschneiden einer Kerbfläche auch noch zur Seite gezogen, ergibt sich ein besonders sauberer Schälschnitt.

Reizvolle Wirkungen lassen sich auch durch die Kombination von Kerb- und Hohlschnitt erzielen.

Breites Balleisen zum Fertigschneiden.

Auch hier 10 mm Kerbenbreite.

Wichtig: Eckeinstich bei den Abschlußdreiecken.

Schälschnitt mit freier Schneidenecke.

Schatulle mit Kerbschnittmotiv

Solche Motive entstehen durch Halbierung, Viertelung und Diagonale im Quadrat.

Gerade Kerben mit Abschlußdreieck quer zur Holzfaser.

Ein Tiermotiv.

Motive im Kerb- und Flachhohlschnitt.

Schalen schnitzen

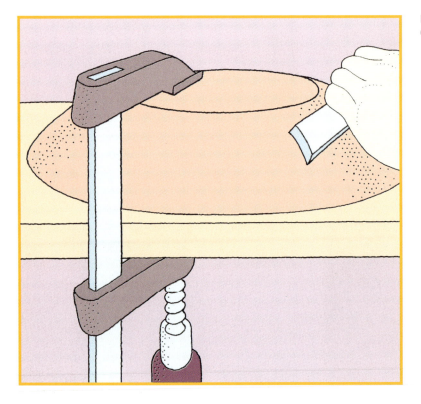

Die Außenwölbung wird geschnitten, die Fase liegt außen.

Beim Schnitzen von Schalen kann in das volle Holz gearbeitet werden, ohne gleich auf komplizierte Formen Rücksicht nehmen zu müssen. Hier soll ein Stück Linde oder Weymouthkiefer – natürlich eignen sich auch andere Holzarten – zum Schnitzen einer Schale verwendet werden. Es sollte die Maße 22 x 14 x 6 cm haben.

Zu Beginn muß die Standfläche der Schale durch Abrichten eben gemacht werden. Die Ovalform wird mit einer Schablone auf das Holz aufgezeichnet. Dazu wird ein Papierbogen auf ein Viertel gefaltet, die Form aufgezeichnet und ausgeschnitten. Die auf das Holz übertragene Kontur kann mit einer Bandsäge grob zugeschnitten werden.

Das Ausstemmen der Vertiefung geht mit einem Hohleisen 7/20 gut voran. Man arbeitet mit kräftigen Schnitten quer zur Holzfaser. Zum tieferen Ausarbeiten braucht man dann ein gebogenes oder gekröpftes Eisen, um aus dem Holz wieder herauszukommen. Mit einer Klopf- oder Fingerprobe wird die Materialstärke am tiefsten Punkt der Schale überprüft. Die Außenform kann mit einer Stichsäge grob vorgeschnitten oder mit einem breiten Flacheisen angehauen werden. Das Formen auf der Schmalseite im Hirnholz ist allerdings schwieriger als auf den Langholzseiten. Sie werden dann oft auch sehr dünnwandig.

Wird die Schale auf einer Werkbank zwischen die Bankhaken gespannt, bleiben die dort entstandenen Nasen bis zuletzt stehen.

Die Oberfläche wird so lange mit dem Flacheisen überschnitten, bis alle Unregelmäßigkeiten in der Form verschwunden sind. Auch hier ist die Wandstärke immer wieder zwischen Daumen und Zeigefinger zu prüfen.

Als letztes wird der Rand überschnitten und die Nasen an den Schmalseiten abgenommen.

Garderobenhalter: Flachwölben der ausgesägten Katzenform, scharfkantig abgesetzter Kopf, geschwungene Kerbschnittlinien.

Schalen schnitzen

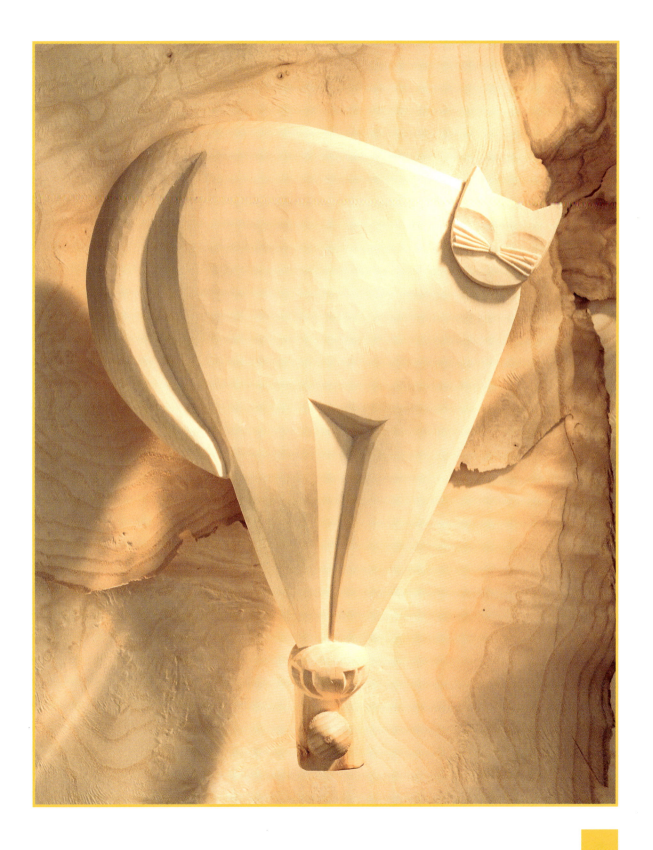

23

Rosetten

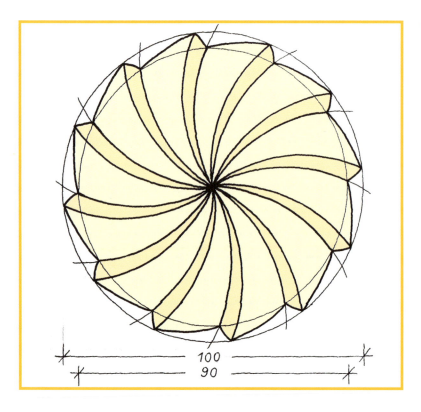

Konstruktion einer Wirbelrosette.

Rosetten sind kreisförmig konstruierte Ornamente, die oft stilisierte Blüten darstellen. Bei einfachen Arten wie Winkel- oder Blattrosetten ist ein direktes Aufzeichnen auf der glattgehobelten Holzoberfläche ohne Schwierigkeiten möglich.

Die Zeichnung stellt eine Wirbelrosette dar, die etwa einen Schatullendeckel verzieren kann.

Zum Herausarbeiten werden Geißfußeinschnitte, Kerb- und Flachschnitte angewendet.

Die fächerartig auseinanderlaufenden Bogenlinien erhält man durch Zirkelschläge, deren Einstichpunkte auf dem Außenkreis liegen und die den gleichen Radius haben. Dort, wo sie wieder den Umkreis schneiden, ist der Mittelpunkt für einen weiteren Kreisbogen. Durch Winkelhalbierung und erneutes Bogenschlagen läßt sich die Unterteilung verdoppeln. Wird die ganze Zeichnung um 5 mm vom ersten Einstich versetzt neu begonnen, ergeben sich die breiten und schmalen Abstände. Die Fächer werden mit dem Geißfuß vorgeschnitten, dann an der kurzen Seite steil ein- und von der breiten Seite flach gegengestochen. Die Flacheisen 2,5 und Stich 4 können verwendet werden. Es muß längs und quer zur Holzfaser geschnitten werden.

Oben rechts:
Wirbelrosette.

Unten rechts:
Die spitzen Ausläufer zur Mitte werden zuletzt geschnitten.

Rosetten

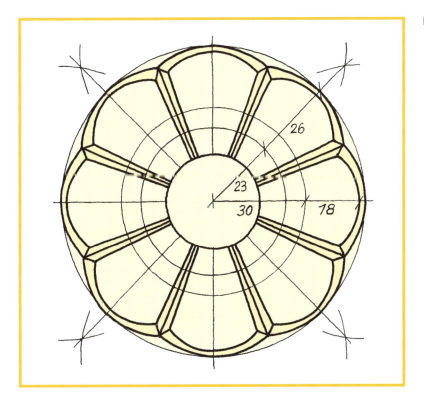

Konstruktion einer Blattrosette.

Blattrosette

Die Einteilung einer Blattrosette ergibt sich aus einem Kreis, der in acht gleiche Teile untergliedert ist. Im abgebildeten Beispiel beträgt der Durchmesser des Außenkreises 10 cm und der des Knopfs in der Mitte 3 cm. Zwei Hilfskreise ermöglichen das Konstruieren der Blattrundung und der Kerbengrundlinie vor dem Umkreis.
Nachdem die Rosette aufgezeichnet ist, wird zunächst der Knopf mit einem Hohlschnitt rundum abgesetzt; dazu wird das Hohleisen 11/10 verwendet.
Kräftige Geißfußeinschnitte sorgen dann für die Markierung der Abstände zwischen den einzelnen Blättern. Der nächste Arbeitsgang ist das Absetzen der Blattrundungen und dem Schneiden des Außenkreises. Hierzu eignen sich die Flacheisen Stich 4 und Stich 2,5. Die in der Einteilung schon gut erkennbare Rosette wird nun zur Mitte hin flach trichterförmig vertieft. Nun ist das Höhlen der Blätter an der Reihe. Auch hier muß wieder auf den Holzfaserverlauf geachtet werden.
Als letzter Arbeitsschritt folgt das Runden des Mittelknopfs mit einem Hohleisen. Auch hier muß auf den Holzfaserverlauf geachtet werden.

**Oben rechts:
Die Blattrosette.**

**Unten rechts:
Absetzen des Mittelknopfs.**

Ornamentschweif

Neben den bisherigen geometrischen Holzschnittmustern und Rosetten gibt es auch geschwungene Bogenornamente, die ihren Ursprung in pflanzlichen Formen haben. Durch ihren freien Verlauf können sie gut an gegebene Flächen von Möbeln, und Rahmen angepaßt werden. Zum Ausprobieren soll zuerst ein kleiner Schweif auf ein rechteckig geschnittenes Lindenholzbrettchen mit den Maßen von 16 x 8 x 2,5 cm geschnitzt werden. Dazu werden die Eisen Stich 2,5/14, 5/10, 7/20, 11/10, 11/16 und 41/5 gebraucht. Am besten ist es, den Schweif gleich frei Hand auf das Holz zu zeichnen. Der Ornamentgrund wird durch eine Linie markiert, die ca. 6 mm unter der Oberseite auf die Außenflächen des Werkstücks gezeichnet wird. Mit einer streichmaßartigen Bleistifthaltung kann der Strich parallel zur Oberkante gezogen werden.
Beim Tiefschneiden des Grundes wird mit Stich 5/17 gearbeitet. Der

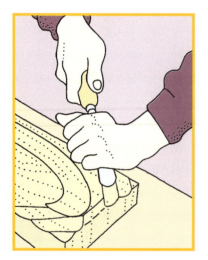
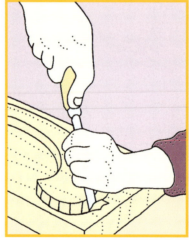

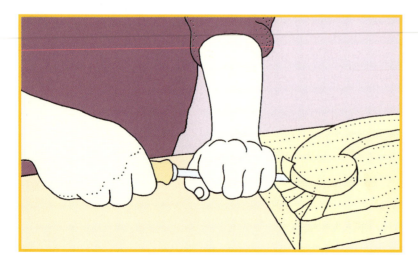

Oben:
Freihändiges Zeichnen paralleler Linien.

Mitte links:
Bis an die Kontur herangehen.

Mitte rechts:
Das senkrechte Absetzen.

Unten:
Ebenschneiden des Grundes.

Ornamentschweif

Schnitt beginnt auf einer Langholzseite und verläuft schräg zur Holzfaser an das Hirnende des Brettchens. Ein Einreißen des Holzes in den Ornamentbereich wird so vermieden. Die langen Bögen werden mit Stich 2,5/14 scharfkantig abgesetzt. Die Schnecke und die hakenartige Eindrehung am Ende werden mit Stich 5/10 und Stich 7/20 konturiert. Dabei wird das jeweils auf der Linie senkrecht aufgesetzte Eisen mit nachhaltigem Druck nach unten geschoben. Wenn man beim Ausarbeiten der Grundfläche schon bis hin an die Schweifkontur freigeschnitten hat, geht das Absetzen anschließend mühelos vonstatten.

Nun kann der Grund vollends geglättet und saubergeschnitten werden. Das Sauberstechen der unteren Absatzkante und das Ebenschneiden des Grundes sind hier ein Arbeitsgang.

Durch einen Hohlschnitt mit Stich 7 bekommt die Innenseite des Schweifs ihre Oberflächengestaltung. Auf der Außenseite wird eine breitflächige Wölbung über die ganze Länge geschnitten. Dazu beginnt man auf dem Scheitelpunkt des Außenbogens zu schneiden und arbeitet von dort jeweils zur Schnecke bzw. zum Hakenende. Die Schnitte gehen so immer ins Holz hinein, so daß die Holzfasern zusammengedrückt werden.

Stich 4 verwendet man, um die Schnecke und das Hakenende außen zu wölben. Der Schnitt wird flach geführt, um dann mit aufgestelltem Eisen die Rundung herumzuziehen. Das Einkerben des kleinen Spiralausläufers in der Schnecke erfolgt mit Stich 5 und Stich 7.

Beim Ornamentschnitzen kommt es auf eine saubere Linienführung an. Alle Kanten und Konturen sollten gleichmäßig nebeneindanderlaufen, ohne dabei wellige Stellen, Einschnürungen oder Ausbuchtungen zu haben. Dies setzt aber eine sichere Führung des Schnitzeisens voraus.

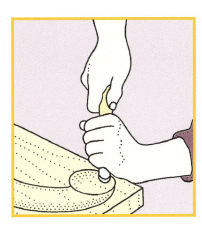

Schneiden der kugligen Form.

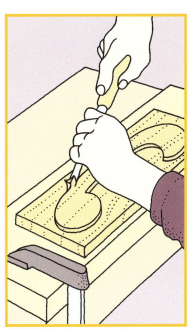

Langgezogene Schnitte versuchen.

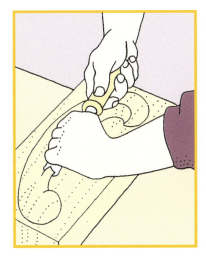

Auf gleichmäßigen Linienverlauf achten.

Ornamentschweif

Ein Türschild

Der Ornamentschweif läßt sich zu vielerlei Zierzwecken verwenden – zusammengesetzt bildet er beispielsweise die Umrandung eines Türschildes. Solche achssymmetrischen Formen kann man gut auf Transparentpapier entwerfen. Sie lassen sich dann durch mittiges Falten des Papiers auf ihre Symmetrie hin kontrollieren.

Das Motiv wurde auf ein gehobeltes Lindenholzbrettchen von 2,5 cm Stärke aufgezeichnet und mit der Stichsäge ausgeschnitten. Zur Befestigung wurde es auf ein Trägerbrettchen aufgeleimt. Hierbei darf allerdings kein Spalt zwischen Werkstück und Trägerplatte zu sehen sein.

Das endgültige Sauberschneiden der Außenkontur kann auch nach dem Formen der Oberfläche erfolgen.

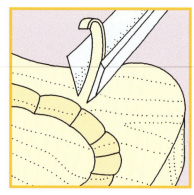

Freischneiden der Ecken.

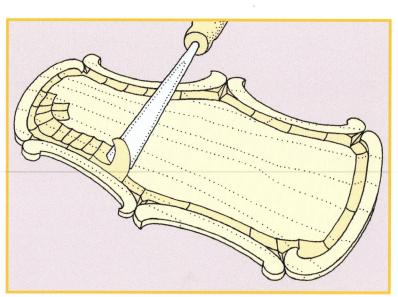

Zum Rand muß tiefer geschnitten werden.

Ornamentschweif

Türschilder und Rahmen.

Das Schnitzen beginnt auch hier wieder mit dem Freischneiden. Dies geschieht diesmal aber gleich auf der Innenseite. Die Außenseite braucht nur noch saubergestochen zu werden.

Man kann innen gleich mit dem Hohleisen 11 arbeiten und ganz an die Kontur heranschneiden. Geißfußeinschnitte in den spitzen Einbuchtungen erleichtern später das Ausarbeiten der Ecken.

Das exakte Absetzen und Herausstechen der Innenkontur mit der Absatzkante erfolgt wie beim Ornamentschweif, dabei soll die Umrahmung auf ca. 5 - 7 mm abgesetzt werden. Die Innenfläche kommt besser zur Geltung, wenn sie eine leichte Wölbung bekommt. Ein Hinweis zum Absetzen der Kontur: Zieht man das Eisen mit schwach angestellter Schneide an der Linie entlang, wird das Holz mehr weggeschält als weggestochen; eine besonders saubere Absatzkante ist das Ergebnis.

Schriften

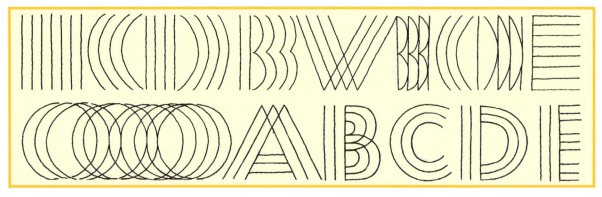

Vom Strich zum Gerüstbuchstaben.

Vorhandene Lettern zu einem optisch ausgewogenen Schriftzug aneinanderzureihen, ist oft schwieriger als die spätere Ausführung der Schrift im Holz. Darum möchte ich anfangs einige Hinweise zur Schriftgestaltung geben.

Um ein Gefühl für den zeichnerischen Strich zu bekommen, ist das freihändige Zeichnen von parallelen Senkrechten, Schrägen, Flachbögen sehr hilfreich. Darauf sollten aufeinandergestapelte kurze waagerechte Linien und Kreisringe folgen. Auf diese Weise lassen sich Buchstabenformen herleiten. Nebenbei können auch noch ornamentale Muster entstehen. Die Buchstabenzwischenräume sind im Wortbild keinesfalls gleich, vielmehr müssen sich die Abstände nach den jeweiligen Buchstabenkonturen richten. Wenn senkrechte Linien aufeinanderfallen (IHR), sind größere Abstände erforderlich als bei runden oder schrägen Balken (OCAM). Seitlich offene Formen müssen dagegen eng geschrieben werden (LTZ), um keine Löcher in das Schriftbild zu reißen.

Durch das leichte Vorskizzieren von Gerüstbuchstaben bekommt man die Möglichkeit, ein Wort mehrfach zu überzeichnen und auf diese Weise die richtigen Abstände langsam herauszubekommen.

Am Beispiel des Worts Lindenholz fällt der Unterschied deutlich auf. Im oberen Bereich des Worts ist der starre Abstand von 6 mm für das unregelmäßige Wortbild verantwortlich. Das Beispiel darunter wirkt harmonischer, weil hier unmittelbar aufeinanderfolgende Buchstaben mit senkrechten Balken etwas auseinandergerückt wurden.

Die Buchstabenabstände werden ausgeglichen.

Schriften

ABCDEFI
GIHKLM
NOPQRS
TUVWX
YZ1234
567890

Groteskbuchstaben sind für den Kerb- oder Hohlschnitt geeignet.

Schriften

Die Buchstaben kommen bei waagrechtem Faserverlauf deutlich zur Geltung.

Die schlanke Grotesk

Am einfachsten kann man mit einem Hohleisen Stich 11 Buchstaben vertieft in das Holz schneiden. Die Buchstaben der schlanken Grotesk sind dazu hervorragend geeignet. Außer dem Hohleisen benötigt man noch ein Schnitzmesser.
Damit werden zuerst die Balkenabschlüsse der Buchstaben eingeschnitten. Mit dem zügig durch das Holz geführten Hohleisen werden die Balken herausgeschnitten. Der Einschnitt am Balkenabschluß bewirkt dann ein sauberes Herausfallen des Spans.
Das Nachschneiden bringt die Hohlkehle auf eine gleichmäßige Breite. Bei schrägen, gebogenen und waagerechten Balken muß die Schnittrichtung dem Faserverlauf angepaßt werden.

Schriften

Beim Vorwärtsschub leicht drehen.

Schlanke Grotesk in Kerbschnittform

Die gleichen Buchstabenvorlagen können sehr gut auch als Kerbschnitt ausgeführt werden. Für die flachen Bögen wird ein Flacheisen 2,5/16 verwendet.

Balkeneinmündung.

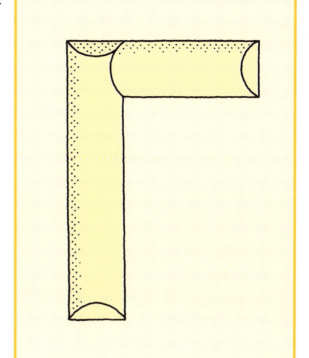

Keine spitz-zulaufenden Buchstaben schneiden.

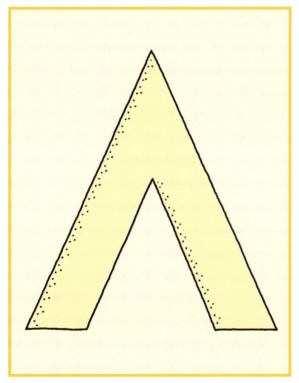

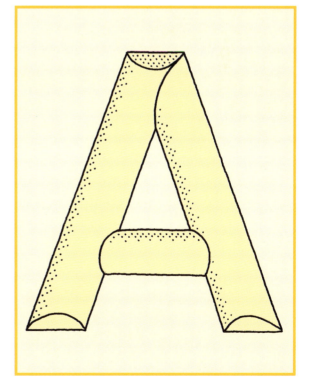

Schriften

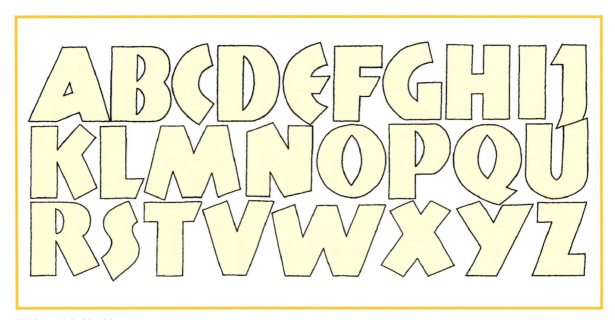

Die Grotesk in Blockform.

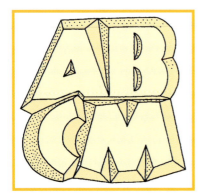

Schräge Buchstabenaußenkanten.

Erhabene Grotesk in Blockform

Schwieriger auszuführen ist die Kerbschnittechnik bei dieser Schriftart. Hier werden die Buchstabenzwischenräume herausgeschnitten, um erhabene und scharfkantig abgesetzte Buchstaben zu erhalten. Die Arbeit wird dann sehr erleichtert, wenn Buchstabenabstände und Zeilenzwischenräume gering sind. Vor dem Herausstechen der Zwischenräume muß der Verlauf der Kerbengrundlinien und Kanten überlegt und genau aufgezeichnet werden.
Bei größeren Zwischenräumen empfiehlt es sich, flache Kerbschnitte zu machen, da sonst tiefere Löcher entstehen.

Die römische Kapitale

Quadrat, Kreis und Dreieck sind Grundformen dieser Schrift, die bis heute ihre Gültigkeit hat. Die Buchstaben zeichnen sich durch klare Formen und harmonische Proportionen aus.
Bei unserem Beispiel wurden für das O und G bei einer Zeilenhöhe von 3 cm die Schnitzeisen Stich 4/16 und Stich 5/10 mm verwendet. Beim Entwerfen eines Schriftzugs in der Kapitalschrift ist eine ausgewogene Buchstabenverteilung besonders wichtig. Die wesentlichen Merkmale sind die unterschiedlichen Buchstabenbreiten und der Wechsel zwischen dünnen und dicken Balkenstärken. Der Stich der verschiedenen Flachhohleisen, die benötigt werden, sollte den Buchstabenrundungen entsprechen, es ist mit dem Geißfuß vorzuschneiden.

Schriften

Die Kapitalschrift ist nur in Kerbschnitttechnik möglich.

Kapitalschrift.

ABCDEFGH
IJKLMNOPT
URSVWXYZ
ANTIQUA

Das Relief im Holz

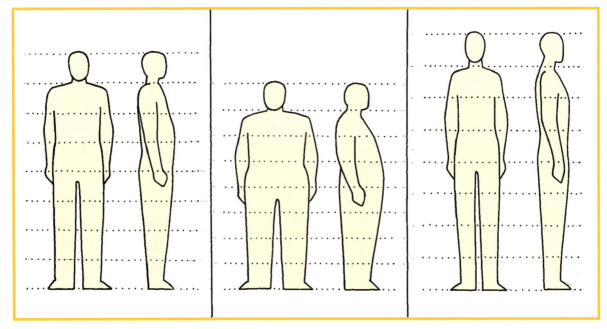

Proportionstypen.

Beim Hoch- oder Flachrelief wird das Motiv, ein Mensch, ein Tier oder ein Ornament, meist erhaben an der Holzoberfläche herausgearbeitet, während es beim vertieften Relief in die Fläche hineingeschnitten ist.
Im folgenden sollen Entwurf und Ausführung verschiedener figürlicher Reliefdarstellungen beschrieben werden.
Eine stehende Figur ist für den Anfang gut geeignet. Sie kann in acht gleiche Längenabschnitte unterteilt werden. Dabei entspricht ein Abschnitt der Kopflänge. Die Figurenmitte liegt etwas über dem Schritt. Weitere Unterteilungspunkte sind Brust, Nabel, Oberschenkelmitte, unterer Knierand und die Hälfte des Unterschenkels. Das Ellenbogengelenk befindet sich beim ausgestreckten Arm etwa in der Höhe des Bauchnabels, die Fingerspitzen enden über der Mitte des Oberschenkels.

Proportionierung

Die Proportionierung einer geradestehenden Figur wird im wesentlichen durch das Verhältnis ihrer Länge zu ihrer Breite bestimmt. Wird bei gleichbleibender Längenunterteilung die Figur in die Breite gezogen oder schmaler gemacht, entstehen typische dicke oder dünne Figuren.

Perspektive

Das Reliefbild wird aussagekräftiger, wenn neben der reinen Seiten- oder Vorderansicht auch die räumliche Ansicht mit einbezogen wird.
Das Zeichnen von geometrischen Grundkörpern in verschiedenen Ansichten ist eine gute Vorübung zum Zeichnen von Figuren, die sich aus eben diesen Grundkörpern zusammenstellen lassen.
Die Kavalierperspektive ermöglicht eine bedingte räumliche Darstellung von Körpern, bei denen die Körperkanten alle parallel verlaufend gezeichnet sind. Weitaus realistischer wirkt die Fluchtpunktperspektive. Alle seitlichen Körperkanten laufen in einem entfernten Fluchtpunkt zusammen. Die Lage des Fluchtpunktes richtet sich im wesentlichen nach dem Standort des Betrachters.

Das Relief im Holz

Noch überzeugender wirkt die Darstellung, wenn mit zwei Fluchtpunkten gearbeitet wird. Hierbei gibt es keine parallelen Körperkanten mehr, da alle Linien zu den Fluchtpunkten zusammenlaufen. Es verkleinern sich auch alle Teile der Darstellung mit zunehmender Entfernung.
Beim Entwurf einer stehenden Figur sollte man auf allzu viele Details verzichten und einer klaren aussagekräftigen Form den Vorzug geben.
Eine Entwurfszeichnung, möglichst auf dünnem Papier ausgeführt, wird mit Durchschlagpapier auf die glatte Holzfläche gepaust.
Die Umrißkanten des Holzstücks zeichnen sich ab, wenn das Papier darübergestrichen wird. So läßt sich die Lage des Motivs überprüfen.

Kavalier- und Fluchtpunktperspektive mit Bildhorizont in Augenhöhe.

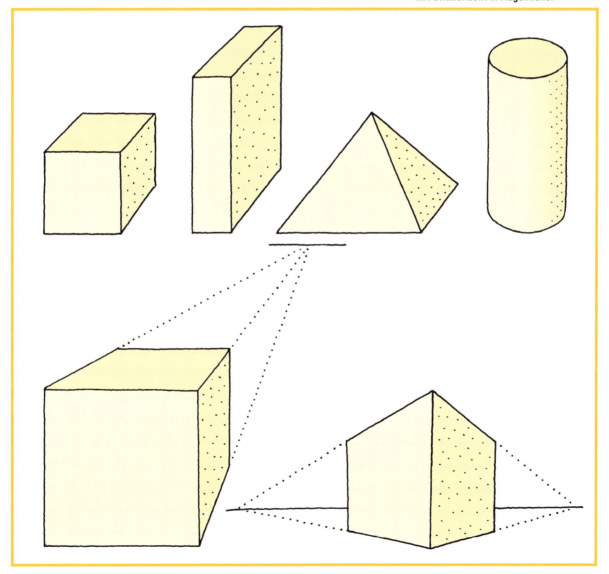

Stehende Figur

Scharf abgesetzte Relieffigur vor dem Grund.

Figur in Vorder- und Seitenansicht nach der 8er-Teilung

Nach einer Entwurfszeichnung werden die beiden Figurenansichten auf die glatte Oberfläche eines Lindenholzbrettchens aufgezeichnet. Sie sollen auf eine Reliefhöhe von 5 - 6 mm über dem Grund ausgearbeitet werden. Ähnlich wie beim Ornament werden die Außenkonturen zuerst mit dem Hohleisen freigeschnitten und der Grund durch grobes Wegschneiden des Holzes tiefergelegt. Dazu wird Stich 7/20 mm verwendet. Mit dem Flach- und dem Balleisen wird nun die Außenkontur senkrecht abgesetzt. Gleichzeitig werden die groben Vor-

Oben rechts:
Die Außenkontur wird sichtbar.

Unten rechts:
Wegschlagen mit einem Eisen
Stich 7/20.

schnitte mit dem Flacheisen, Stich 2 1/2, abgenommen.

Die erhabene Holzform, die sich deutlich sichtbar vom Grund abhebt und schon die Relieffigur erkennen läßt, muß zunächst zu den Füßen und der Schulterlinie hin abgeflacht werden. Danach erfolgt das Anlegen der Binnenformteile mit dem Hohleisen. Man schneidet dazu an der Kontur des aufliegenden Arms entlang.

Wenn die übrige Figurenoberfläche auf die Tiefe des Hohlschnittgrundes weggeschnitzt wird, bleibt der Arm etwa 1,5 - 2 mm höher stehen. Daß dabei der Bleistiftstrich verschwindet, irritiert oft etwas. Man muß ihn deshalb neu nachziehen.

Wird der Arm erneut oben abgeflacht, fließt seine Kontur auseinander – sie muß wieder nachgesetzt werden. Dabei kann sie noch verändert oder korrigiert werden. Man bezeichnet dies auch als Anlegen der Oberfläche. Es ist abgeschlossen, wenn alle Formteile die beabsichtigte Größe haben und die Figur beinahe auf die endgültige Reliefhöhe gebracht ist.

Ein vorzeitiges scharfes Absetzen von Binnenformteilen ist nicht empfehlenswert, da so Einschnitte entstehen, die keinen Spielraum für eine weitere Änderung der Form zulassen.

Sind bei der Figur alle Formbestandteile, wie der tieferliegende Hals, der andere Arm, Kopf und Füße, angelegt, kann die Oberfläche fertig- oder saubergeschnitzt werden. Nun kann auch das scharfkantige Konturieren erfolgen.

Oben links:
Glattschneiden des Grundes.

Unten links:
Die Außenkontur wird scharf abgesetzt.

Oben Mitte:
Wölben der Oberfläche.

Oben rechts:
Der Hohlschnitt ersetzt den Bleistiftstrich der Vorzeichnung.

Unten Mitte:
Glattschneiden.

Unten rechts:
Die Binnenkonturen werden scharf abgesetzt.

Stehende Figur

Erkennbare geometrische Grundformen in der Figur.

Gehende Figur in perspektivischer Ansicht

Die auf einen Fluchtpunkt zusammenlaufenden Körperlinien und die Ausarbeitung der Reliefhöhe ergeben die räumliche Wirkung einer Relieffigur. Die perspektivische Mittellinie teilt die Figur in die größere linke und kleinere rechte Hälfte. Die linke Kontur wirkt durch die größere Reliefhöhe.

Darstellung mehrerer hintereinandergestellter Figuren

Die sich nach hinten verringernde Reliefhöhe der einzelnen Figuren und Gegenstände bewirkt hier neben den perspektivischen Linienverläufen die Raumwirkung.
Extrem stark tritt nur die rechte Seite der sitzenden Figur hervor, während die stehende Figur flach angelegt ist. Die beiden Gestalten sind einander zugeneigt. Bei dieser Art der Anlage muß aber darauf geachtet werden, daß kein Loch im Relief entsteht.

Stehende Figur

Deutliche Unterschiede zwischen flachen und hohen Stellen.

Das Schnitzen

Wie beim Frontalrelief wird zuerst eine gleich hoch stehende Holzmasse von ca. 6 mm angelegt. Nachdem die Umrisse mit dem Hohleisen herausgeschnitten sind, wird diese nach rechts pultförmig abgeflacht. Die Kontur auf der linken Seite bleibt dabei gegenüber der der rechten Seite, welche schon fast mit dem Untergrund verschwimmt, deutlich sichtbar stehen. Mit einem flachen Hohlschnitt wird die rechte Kontur trotzdem immer wieder nachgeschnitten, um sie nicht ganz zu verlieren. Der linke, etwas angewinkelte Arm wird durch einen Hohlschnitt von der Körperkante abgesetzt. Der linke, etwas angewinkelte Arm wird zunächst durch einen Hohlschnitt von der Körperkante abgesetzt. Er wird zur Ellenbogenbeuge zunehmend flacher. Beim Sauberschnitzen der Körper- und Beinflächen können stehengebliebene Schnittkanten die Fluchtlinien darstellen. Sie tragen wesentlich zur perspektivischen Wirkung und Formgliederung bei. Die linke Kopfseitenfläche entsteht durch einen Flachschnitt, ebenso die Gesichtsfläche. Der rechte Arm hat nur eine geringe Reliefhöhe und verschwimmt schon

fast vollständig mit dem Untergrund. Die abgebildeten Reliefbeispiele sind sämtlich in Lindenholz ausgeführt, das man auch gut quer zur Holzfaser schneiden kann. Querholzschnitte greifen das Holz stärker an als Schnitte mit der Holzfaser. Es entsteht eine deutliche Formänderung. Auch die handwerkliche Ausführung ist für das Aussehen wichtig.

Der letzte Arbeitsgang ist daher immer das Sauberschnitzen. Er ist beendet, wenn alle Schnitte glatt und ausrißfrei sichtbar sind. Auch Holzfasern dürfen nicht mehr abstehen. Schnittkanten können jedoch trotzdem stehenbleiben. Sie sorgen für ein lebendigeres Oberflächenbild.

Das Tierrelief

Tiergruppe: Formkontrast zwischen Körpern und Hörnern.

Aneinanderfügen gleichartiger Formen.

Gestalttypen

Die bekanntesten Tierformen lassen sich in drei Gruppen einteilen:

- Tiere, deren Form sich zum Kopf verjüngt: Katze, Elefant, Eisbär.
- Tiere mit rechteckiger bis quadratischer Silhouette: Pferd, Rind.
- Tiere mit nach hinten schmaler zulaufender Form: Hund, Wildschwein.

Reliefgrund, Reliefhöhen

Die plastische Reliefwirkung entsteht aus der unterschiedlichen Höhenabstufung der einzelnen Körperpartien auf dem Reliefgrund.

Die charakteristischen Formen von Tieren liefern insbesondere in der Seitenansicht interessante Motive für Reliefs.
Bei der Umsetzung sollte man allerdings auf eine starke Bewegtheit verzichten und versuchen, das Tier in einer ruhigen, stehenden oder sitzenden Haltung zu zeigen.
Generell sollte die Darstellung die typische Silhouette eines Tiers wiedergeben. Übertrieben große Ohren oder Augen gehören eher zu Stofftieren.

Wichtig ist eine klare Gliederung der einzelnen Körper- oder Formteile untereinander. Sie sollen sich voneinander absetzen und doch ein sinnvolles Ganzes ergeben.
Es kommt weniger auf übermäßigen Detailreichtum an, als auf eine klare Formgebung, die sich an regelmäßigen geometrischen und kubischen Formen orientiert.
Die bestimmenden Formelemente beim Tierrelief sind der Rumpf, die Beine, der Kopf und der Hals. Es setzt sich meist flach vom Rumpf ab.

Der Rumpf wölbt sich meist am höchsten auf, Hals und Beine stoßen flacher dagegen an.
Besonders typisch ist die Trennungslinie zwischen Rumpf und Hals. Sie zeichnet sich als schräg nach oben laufender Absatz ab.

Ausarbeitung

Die Grundanlage des Tierreliefs sollte eine sichtbare Höhenstufung aufweisen.

Das Tierrelief

Die praktische Ausarbeitung beginnt zunächst auch mit dem Vertiefen des Reliefgrunds und dem Ausarbeiten der Außenkontur.

Für das Ausarbeiten zwischen den Beinen verwendet man ein kleineres Hohleisen.

Das Anlegen der Höhen erfolgt erst dann, wenn die Außenkontur deutlich erkennbar ist.

Das Fertigschneiden der Außenkontur wird scharfkantig ausgeführt.

Zu einem Tier paßt nicht unbedingt eine eckige, kantige Form. Durch das Verrunden der Kanten und Absätze und Überwölben flächiger Partien erhält man eine fließende Form.

Erkennbare Formgliederung auch bei zunehmender Verrundung der Tierfigur.

In der Hand schnitzen

Das Schnitzen in der Hand ist die ursprünglichste Art, einem Stück Holz mit einem Schnitzwerkzeug eine Form zu geben. Eine Hand übernimmt hier gewissermaßen die Spannvorrichtung und unterstützt die andere Hand beim Führen des Schneidwerkzeugs.

Der besondere Vorteil beim Schnitzen in der Hand ist die große Beweglichkeit des Werkstücks. Es kann schnell in eine zum Schneiden günstige Position gebracht werden. Natürlich kommen zum Handschnitzen nur kleinere bis mittelgroße Holzstücke in Frage. Zum sicheren Arbeiten sollten sie solche Dimensionen haben, daß sie sich noch gut festhalten lassen und trotzdem soviel Holz freilassen, um daran schnitzen zu können.

Bei dieser Art des Schnitzens wird am meisten das Schnitzmesser gebraucht, aber auch ganz normale Schnitzbeitel können gut verwendet werden.

Oben links:
Hier kann die Schneidenbreite ausgenutzt werden.

Oben rechts:
Dieser Arbeitsgang muß behutsam ausgeführt werden, da Teile der Figur sonst abbrechen können.

Links:
Es kann mit großer Schnittkraft gearbeitet werden.

Schnittarten und Handhaltungen

Die Schneidebewegungen des Schnitzmessers können aus der Fingerbeuge heraus erfolgen. Dabei liegt das Schnitzmesser vollständig in der Hand, so daß nur die Klinge herausschaut. Der Daumen stützt sich am Ende des Holzstücks ab. Die Fingerspitzen der haltenden Hand liegen unter der vorgesehenen Schnittlinie. Der Schnitt geht sehr langsam zum Daumen.

Schnitt mit Daumendruck

Das Schnitzmesser wird bei gleicher Grundhaltung mit dem freien Daumen der haltenden Hand ins Holz gedrückt. Dies ist die sicherste Schnitztechnik, da der Schnitt vom Körper wegläuft.

Steileinsatz

Das steil gehaltene Messer dringt mit der Spitze tief in das Holz ein, um enge Austiefungen und Einkerbungen zu schneiden. Es muß sehr besonnen und langsam gearbeitet werden. Zwischen der schneidenden und der haltenden Hand sollte sich viel Holz befinden. Hier, wie bei allen anderen Schnittarten, lassen sich nur mit einem rasiermesserscharfen Schnitzmesser gute Ergebnisse erzielen. Da hier zum Schneiden auch viel weniger Druck ausgeübt werden muß als bei stumpfer Schneide, ist die Verletzungsgefahr weitaus geringer.

Das Handschnitzen mit dem Schnitzmesser ist dann gefahrlos, wenn jeder Schnitt konzentriert ausgeführt wird. Mit wachem Gespür ist der Schneidevorgang in jeder Phase kontrollierbar und kann unterbrochen werden, wenn man merkt, daß der Schnitt nicht mehr fließt.

Die meisten Schnittverletzungen entstehen, wenn man unachtsam durch einen abstehenden Querholzabschnitt schneidet und dieser dann abbricht. Der Daumen sollte sich

In der Hand schnitzen

immer an einer Stelle abstützen, die nicht wegbrechen kann. Auf diese Weise kann man der Verletzungsgefahr gut vorbeugen.

Erste Schneideübungen

Spaltholzfiguren
Handliche Stücke aus Linden- oder Weymouthkiefernholz lassen sich durch Spalten recht einfach herstellen. Auch kann die durch das Spalten sichtbar gewordene Holzstruktur gut in die Gestaltung mit einbezogen werden. Am besten lassen sich gerade gewachsene, astfreie Holzstücke oder Scheite in kleine Abschnitte oder Plättchen beliebigen Formats zerteilen.

Eulenfamilie
Reststücke aus Lindenholz oder Weymouthkiefer werden in längliche, etwa 5 mm starke Plättchen zerteilt.
Die Vorderseite einer Eule unterteilt sich etwa zu 1/6 in die Kopfpartie und zu 2/6 in das Schwanzgefieder. Der Rest bleibt als unbearbeitete Holzfläche stehen.
Kurze und lange Schnitte sind zur Gestaltung der Außenkontur nötig. Augen und Schnabellinie werden mit der steil geführten Messerspitze eingeschnitten und flach abgesetzt. Ebenso geht man auch beim Schwanzgefieder vor. Die Krallen entstehen durch kleine Einkerbungen mit der Messerspitze zwischen zwei waagrechten Einschnitten.

Mehrere verschieden große Eulen können mit feinen Nägeln und etwas Leim auf einem Holzstab befestigt und an einer Schnur aufgehängt werden.
Ein Gefühl für den Messerschnitt kann man auch bekommen, wenn man ein längliches, nicht zu dickes Scheitstück in Längsrichtung zerspant. Das Abschneiden eines zwei bis drei Zentimeter langen, kräftigen Spans sollte auf diese Weise möglich werden.
Mehr Schnittkraft muß man beim Einschneiden von Kerben aufwenden, wenn die Schnittrichtung schräg zur Holzfaser verläuft.
Weitere Gestaltungselemente sind Abplattungen oder bogenförmig geschnittene Einbuchtungen.

Eine Eulenfamilie.

In der Hand schnitzen

Krippenfiguren aus Spaltholzstücken.

Musikergruppe aus einem Spaltholzstück.

Bemalte Figuren.

Silhouettenfiguren.

In der Hand schnitzen

Figuren aus Spaltholzstücken

Ein gespaltenes Holzstück hat oft schon ein so interessantes Aussehen, daß daraus mit wenig Aufwand kleine Silhouettenfiguren gefertigt werden können.

Eine Figur entsteht ja schon, wenn ein längliches Ausgangsstück in mehrere Abschnitte untergliedert wird, die sich voneinander abheben und doch ein sinnvolles Ganzes ergeben.

Bei menschlichen Figuren hebt sich zumindest der Kopf deutlich vom restlichen Körper ab.

Das bedeutet aber beim Schnitzen ein stärkeres Ausarbeiten der Konturen des Plättchens und erfordert mehr Kraftanstrengung. Durchbrüche sorgen für eine Auflockerung der Figur. Sie werden wieder mit dem steil angesetzten Schnitzmesser vorgestochen und herausgearbeitet. Spaltholzfiguren eignen sich hervorragend zum Bemalen mit Ölfarben. Bei einer lasierenden Malweise bleibt auch die Holzstruktur sichtbar.

Stabholzfiguren

Gesägte Stäbe aus Vierkantholz mit einer Seitenlänge von 2,5 x 2,5 cm sind das Ausgangsmaterial für diese Stabholzfiguren.

Nachdem die Figurensilhouette auf den Vierkantstab aufgezeichnet wurde, beginnt das Herausschneiden der Seitenkontur. Langgezogene Messerschnitte in Längsrichtung und Einschnitte quer zum Holz sind erforderlich, um Kopf und Beine zu schneiden und sie vom kastenförmigen Oberkörper abzusetzen.

Ähnlich verläuft das Schnitzen der Seitenansicht. Auch hier verjüngen sich die Beine, und die Gesichtsfläche wird zum schräg zulaufenden Oberkörper senkrecht abgesetzt. Die Arme der Figur werden auf den Seitenflächen nur angedeutet. Sie bleiben als schmaler Steg stehen, wenn man die Außenkanten des Oberkör-

Links:
Die Vorder- und Seitenkontur ist aufgezeichnet.

Mitte:
Symmetrisches Ausarbeiten der Grobform.

Rechts:
Weitere Formgliederung durch Kantenbrechen oder Abflachen.

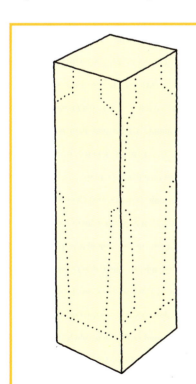
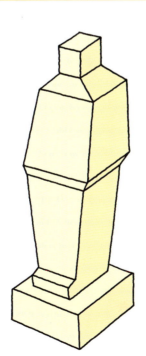
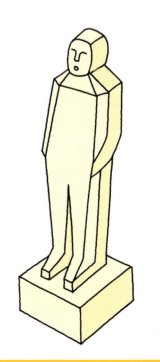

In der Hand schnitzen

Stabholzfiguren, Mann und Frau.

Männergestalten.

pers vorn und hinten wegschneidet. Die Auskehlung zwischen den Beinen wird wieder mit dem steil geführten Messer herausgeschnitten. Zuletzt werden alle Konturen gleichmäßig geschnitten, und das Gesicht wird angelegt.

Etwas anders geht man beim Schnitzen einer weiblichen Figur vor. Hier werden zuerst die Kanten des Stabes weggeschnitten. Dann wird die Vorderseite geschnitten und konturiert, der Kopf zurückgesetzt und gleichzeitig die Schultern abgesetzt. Zwei auslaufende Schnitte setzen die Arme seitlich ab und ergeben die seitliche Begrenzungslinie des Oberkörpers. Die etwas klotzig wirkende Figur wird durch mehrfaches Nachschneiden in eine schlanke Form gebracht und das Kinn durch einen Einschnitt vom Hals abgesetzt. Gesicht, Hosenbeine und Füße sind genauso gemacht wie bei der männlichen Figur.

Eine Tierfigur

Kantstücke mit größerem Querschnitt, z. B. 4 x 10 cm, eignen sich gut als Ausgangsmaterial für Tierfiguren. Lange Stücke lassen sich besser festspannen, denn die Tierfiguren sollten mit einem Sockel geschnitzt werden. Das Aussägen der groben Form auf der Bandsäge erleichtert die Arbeit erheblich. Die Figuren können aber auch aus dem vollen Holz gut gearbeitet werden. Die Form der Kuh wurde auf das Holzstück aufgezeichnet. Besonders schwierig ist gleich zu Anfang das Anlegen der Rückenlinie mit dem Flacheisen 2,5/16. Dort muß das Hirnholz weggeschlagen werden. Erfahrene Schnitzer verjüngen zuerst die Seitenflächen nach oben, um die Hirnholzfläche möglichst schmal zu halten.

Mit einem Hohleisen 7/12 kann das Holz unterhalb des Kopfes gut herausgeschlagen werden. Dann wird mit einem 7er-Hohleisen der Halsansatz oberhalb der Vorderbeine abgesetzt. Der Hals verjüngt sich nach vorn. An den Hörnern muß der Kopf etwas breiter bleiben.

Das Flacheisen 2,5/14 und das Flachhohleisen 5/10 werden zum Formen der Seitenflächen und zum Absetzen der Beine vom Rumpf be-

In der Hand schnitzen

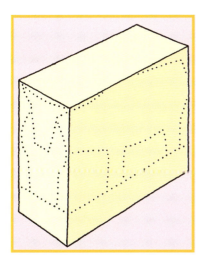 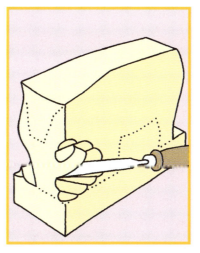 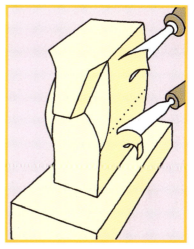

Sockel zum Festhalten oder Einspannen einplanen. **Gleiche Vorgehensweise auch zwischen Vorder- und Hinterbeinen.** **Die Halspartie ist bereits schmaler geschnitten.**

nötigt. Die Schnittrichtung verläuft meist quer zum Holz in Richtung Kopf.

Zwischen den sich nach unten verjüngenden Beinen wird das Holz mit dem Hohleisen 11/10 herausgestemmt. Am besten arbeitet man von zwei Seiten nach innen. Das Brechen von Kanten mit dem Schnitzmesser nimmt der Figur die Klobigkeit. Ebenso lassen sich auf diese Weise noch unsaubere Schnitte glätten. Vergleichbar erfolgt auch die Ausarbeitung anderer Tierfiguren. Bei allen diesen Figuren kommt es besonders auf das genaue Einhalten der Linienführung an.

Tierfiguren mit Mann.

Krippenfiguren

Die auf den folgenden Seiten dargestellten Krippenfiguren kommen durch ihre unterschiedlichen Silhouetten gut zur Wirkung. Sie wird durch eine kantig geschnittene und facettenartige Formgebung unterstrichen.

Die Figuren können in originaler bis doppelter Größe gut in der Hand geschnitzt werden.

Man sägt die Figurenrohlinge mit der Stich- oder Bandsäge aus einer Lindenholzbohle, auch Weymouthkiefer ist gut geeignet, heraus. Dabei wird für die angegebene Figurengröße eine Materialstärke der Bohle von 4 cm benötigt.

Sollen die Figuren größer angefertigt werden, ist natürlich auch ein stärkeres Material nötig. Die Vorlagen können im Rasterverfahren beliebig vergrößert werden. Zum Aufzeichnen der Figurenumrisse sollte die Brettoberfläche glatt abgehobelt werden. Die Figurenumrisse werden dann mit selbst angefertigten, von den Vorlagen abgenommenen Pappschablonen auf das Holz übertragen. Dabei sollten alle Figuren in Richtung der Holzfaser angeordnet werden. Das vorherige Auflegen der Pappschablonen ist zur Einteilung der Holzmenge sehr sinnvoll und hilfreich. Auch wenn man sparsam mit dem Material umgehen will, ist der Verlauf des Sägeschnitts beim Aussägen zu beachten. Da bei der Bandsäge der Bogenschneideradius begrenzt ist, muß zwischen den aufgezeichneten Figuren immer noch etwas Platz sein, um mit einem einigermaßen geraden Schnitt wieder aus dem Holz herauszugelangen. Beim Aussägen mit der Stichsäge ist dies weniger problematisch.

Das Schnitzen

Die Figuren werden nach den zuvor in vielen Ansichten ausgeführten Zeichnungen geschnitten.

Dabei entstehen am fertig gearbeiteten Werkstück die Zeichnungslinien als Außenkontur, Absatzkante oder Schnittkante.

Als Werkzeuge werden das Schnitzmesser, Balleisen, Flacheisen 2,5/14 und 4/16 sowie das Flachhohleisen 5/10 benötigt.

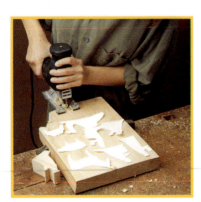

Aussägen nach Schablonen.

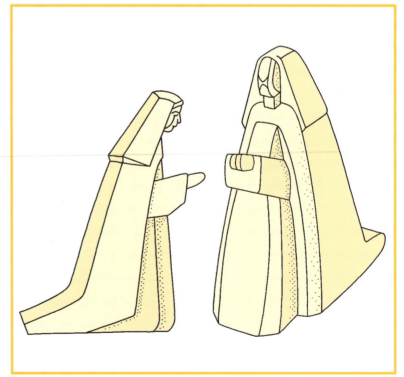

**Links:
Die Marienfigur in Seitenansicht.**

**Rechts:
Anlage der Figur.**

Krippenfiguren

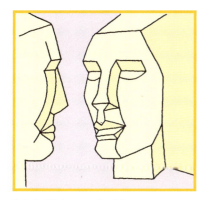

Schnittflächen am Gesicht.

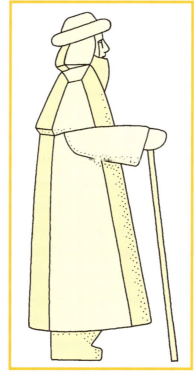

Der Hirte.

Enge Einschnitte werden mit dem Hohleisen 11/10 und Absatzkanten mit dem Geißfuß herausgearbeitet. Jeder Schnitt sollte möglichst genau erfolgen und die Schnittkanten nach den in den Zeichnungen vorgegebenen Linien stehenbleiben, nachdem auf den Vorder- und Rückflächen der Sägeschnitt überarbeitet wurde.
Für das Schnitzen der Gesichter wird neben sehr guten Lichtverhältnissen und einer bis in die äußerste Spitze optimal schneidenden Messerklinge auch etwas Geduld benötigt.

Mariafigur

Zum Anfangen eignet sich besonders gut die symmetrisch gegliederte Mariafigur, deren Rohling gut in der Hand festgehalten werden kann.

Mit gröberen Schnitten, für die das Eisen 4/16 gut geeignet ist, flacht man beide Seitenflächen nach oben hin gleichmäßig ab. Der außen aufliegende Kopfbehang kann dabei schon durch eine Schnittkante markiert werden.
Ein langgezogener Geißfußschnitt setzt den vom Hals herabfallenden Saum des Übergewands frei. Durch das Gegenschneiden von der Figurenvorderseite wird gleichzeitig der Beinbereich schmaler, der sich dann unter dem Armvorsatz etwas einschnürt. Darüber gehen langgezogene Kantenschnitte bis zum Kopfabschluß durch.
Das Gesicht ist schon in dem mittig vorspringenden Streifen enthalten. Seine Breite wird durch das Einsetzen der Seitenflächen bereits festgelegt. Der Winkel zwischen der Vorderkante des Kopfbehangs, der Schulterlinie und der seitlichen Gesichtsfläche wird unmittelbar danach herausgestochen. Die Gesichtslänge ist durch Kinnabsatz und die Tuchkante oben eingegrenzt.

Das Gesicht Die quaderförmige Grundform wird mit zwei Schnitten an den Seitenkanten abgeflacht, die sich an der Nasenspitze fast treffen. Ein steiler und langgezogener Einschnitt setzt die Nasenflanke ab. Quer zum Holz verläuft der Einschnitt für die Augen. Die tieferliegende seitliche Gesichtsfläche entsteht durch Gegenschneiden. Mund und Kinnpartie werden aus dem vorstehenden Teil, der unter der Nase liegt, herausgearbeitet.
Die Ausführung der übrigen Figuren vollzieht sich ähnlich.
Bei der nächsten Figur, dem aufrecht stehenden Hirten, setzt sich der Schulterüberwurf oberhalb der Armversatzkante zum darunterliegenden Gewand ab. Auch hier muß das Gewand ein wenig eingeschnürt werden, um die Arme seitlich etwas hervorzuheben.
Beim Schneiden der Hutkrempe sollte man sehr vorsichtig sein, da sie schnell wegbrechen kann.
Das Schnitzen des Gesichts beginnt auch hier mit dem Wegnehmen der Außenkanten, so daß die mittlere Gesichtspartie hervortritt. Die Oberkante des Bartes wird mit einem waagrechten Messereinschnitt quer

Krippenfiguren

Links:
Josef von links.

Rechts:
Halbkniender König.

zum Holz abgesetzt. Die Kante entsteht dann durch weiteres Einschrägen der Außenflächen in Längsrichtung über dem Einschnitt. Die Nasenflanke und der Augenbrauenüberhang kommen durch einen steil eingesetzten Längsschnitt und einen Quereinschnitt zustande. Anschließend werden die Gesichtsflächen tiefergelegt. Der Augenwinkel wird dazu spitz eingestochen. Auch der Hirte bekommt breitflächig gebrochene Außenkanten.

Halbkniende Figuren:

Josef und der König Diese beiden Figuren haben einen asymmetrischen Aufbau. Die linke Ecke des unteren Gewandvorsatzes ist tief ausgemuldet. Hier entsteht durch das vom vorgestellten rechten Bein herabfallende Gewand eine Art tiefe Schüssel. Bei der Josefsfigur legen Hohlschnitte oberhalb der Schulterhöhe den Kopf frei. Bei der Figur des Königs wird der Armvorsatz mit dem Gefäß nach vorne verjüngt. Dies hat einen quadratischen Querschnitt. Beim Josef wird die Holzmasse der Arme von links bis zu zwei Drittel weggenommen, da der linke Arm flach auf der Brust aufliegt. Er hebt sich von vorn nur wenig vom Gewand ab. Der Kopf des Königs wird

Einschnitte für die Hand und die Ärmel.

Krippenfiguren

ähnlich wie bei der Maria durch pyramidenartiges Anlegen vorgeformt. So bleibt seitlich noch genügend Material für den Kopfbehang stehen, der sich im übrigen durch einen dreischnittartig ausgestochenen Zwickel von der Schulterkante und der Gesichtsfläche absetzt. Die Abbildungen zeigen, wie Hände und Gefäß beim König ausgearbeitet werden. Dazu werden zuerst die Gefäßkanten rundum gleichmäßig gebrochen. Unterhalb der ausladenden Gefäßschale werden die Hände durch mehrere Quereinschnitte und Längsschnitte nach innen gelegt. Sie sind flächig gegliedert. Durch Umschneiden quer zum Holz wird die kantig vorgeformte Gefäßschale und der Fuß in eine runde Form gebracht. Ein kerbschnittartiger, rundum ausgeführter Einschnitt, bei dem in der Mitte ein Grat stehenbleibt, ergibt den Taillenabsatz mit Gürtelband.

Die Arbeitsschritte:
1. Absatz an den Armen einkerben, Geißfuß
2. Ecke vorn links wegnehmen, Stich 5/10
3. Kopf schmaler drücken, Stich 11/10
4. Seitenfläche brechen, Schnitzmesser
5. Winkel Gesichtsseite, Tuch formen, Schnitzmesser
6. Brust, Kopfansatz und Gesichtskontur schneiden, Schnitzmesser

Oben links:
Die Gefäßform muß flächig ausgearbeitet werden.

Oben Mitte:
Größere Holzmassen werden mit einem Eisen Stich 5 weggeschnitzt (2).

Oben rechts:
Einschneiden der Hauptabsatzkanten (1).

Unten links:
Auf wegplatzendes Holz sollte geachtet werden (3).

Unten Mitte:
Steileinsatz und Flachschnitt (4 und 5).

Unten rechts:
Der Kopf wird in Form gebracht (6).

Krippenfiguren

Stehender und kniender König
Die stehende Königsfigur ist die größte Gestalt der Gruppe. Die gebrochenen Außenflächen gehen insbesondere auf der Rückseite bis nach oben durch, wo sie Flächen der achteckigen Krone bilden.
Auch beim Anschneiden der beiden Gesichtsflächen kann der Schnitt gleich die linke und die rechte vordere Seitenfläche der Krone mitnehmen. Sie wird zur Stirn dann nur flach abgesetzt.
Beim Gefäß, das diesmal achteckig geformt ist, bleiben die Schnittkanten stehen. Der Armvorsatz des kienden Königs wird in der Breite kaum verjüngt, da er eine rechteckige Geschenkschatulle quer zwischen den Händen hält. Da das Gewand breit auf dem Boden aufliegt, sollte der Rohling beim seitlichen Abflachen im Standflächenbereich seine Breite behalten.

Krippe Um die Seitenflächen der Krippe einzuschrägen, wird mit dem kleinen Hohleisen auf den Längsseiten in Höhe der Auflagefläche eingeschnitten. Durch Gegenstechen von unten wird das Holz dann zurückgeschnitten. Mit dem Geißfuß wird die Kontur des Kindes vorgestochen und das Tuch über den Knien nach unten abgesetzt.

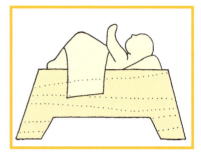

Die Krippe.

**Links:
Stehender König.**

**Rechts:
Kniender König.**

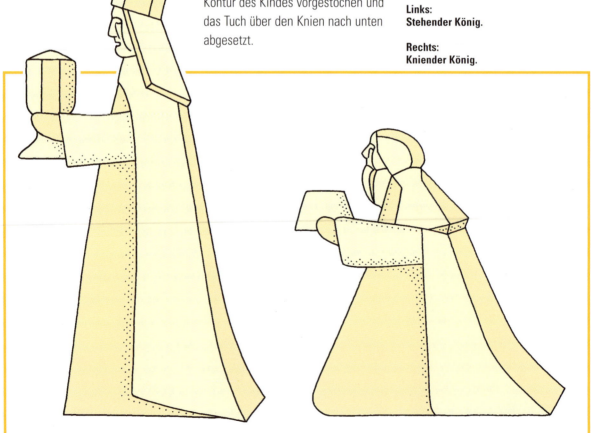

Krippenfiguren

Zum Herausstechen des Holzes zwischen den Armen braucht man etwas Feingefühl.
Am besten schneidet man mit dem Schnitzmesser an dieser Stelle von oben V-förmig ein und arbeitet sich langsam nach außen.
Nach dem Freischneiden der Aufliegefläche wird mit Geißfußeohnitten vorgestochen, um die Figur des Kindes schmaler anzulegen.

Die Tiere

Ochse Die massige Form des Ochsen ist in Flächen und Wölbungen gegliedert, die gut mit dem Flacheisen 2,5/14 oder dem Balleisen geschnitten werden können.
Das Formen beginnt als erstes mit dem Schmalschneiden des Halses mit Hilfe des Flachhohleisens 4/16. Wird der Kopf auf die gewünschte Breite geschnitten, muß aber noch Material für die Hörner stehenbleiben, die nicht zu dünn ausgezogen werden sollen. Der Zwischenraum der Beine wird nicht durchbrochen.

Esel Typisch bei dieser Figur ist die fast kugelförmige Gestaltung des Bauchs, der weit über die Beinkonturen seitlich herausragt.

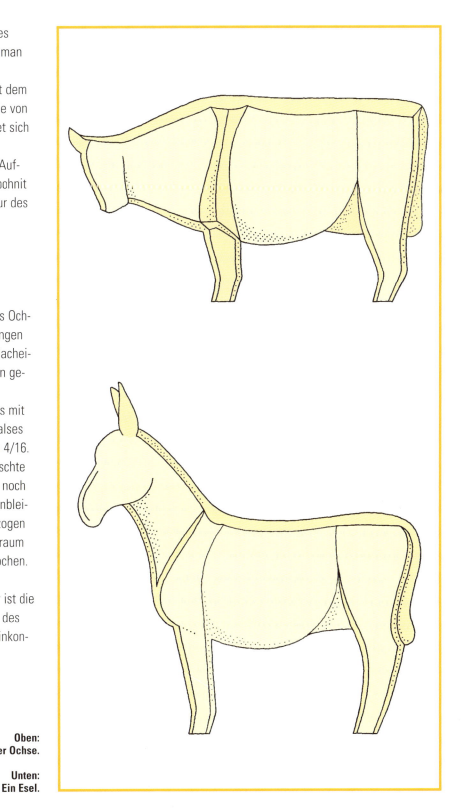

Oben:
Der Ochse.

Unten:
Ein Esel.

Krippenfiguren

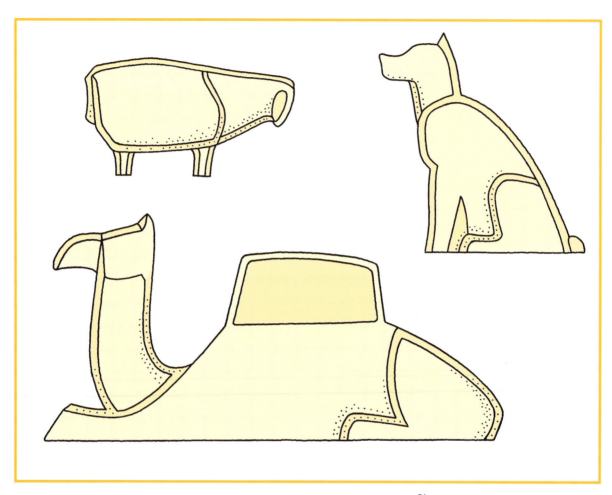

Oben:
Schaf und Hund.

Unten:
Das Kamel.

Schaf Es hat eine nach vorne zulaufende Form mit dünnen innenliegenden Beinen. Das Gesicht setzt sich von den herabhängenden Ohren ab.

Kamel Auch das kniende Kamel hat einen deutlich zum Körper konturierten Hals. Die Beine sind scharfkantig abgesetzt. Die Seitenflächen vom Bauch und dem Hinterteil sind deutlich nach außen gewölbt und durch einen bogenförmigen Einschnitt voneinander abgesetzt. Auch die Rückenlast kann eine leichte Außenwölbung auf allen Flächen bekommen. Das Überschneiden der Halsseiten mit einem 5er-Eisen ergibt eine lebhafte Oberflächenstruktur, die wie ein Fellbesatz wirken kann. In der engen Einbuchtung hinten am Hals arbeitet man besser mit dem Schnitzmesser. Sie ist etwas schwierig sauberzubekommen.

Hund Der hockende Hund ist durch das Aussägen schon fast fertiggestellt. Das Abflachen der Rückenkanten und das Zuspitzen der Schnauze sind abschließende Arbeitsgänge.

Vollständige Krippenszene.

Krippenfiguren

Die Blockverleimung

Bisher haben Holzstücke handlicher Größe für alle Schnitzarbeiten ausgereicht.

Doch für eine größere Plastik ist das nötige Holzvolumen oft nur durch das Aneinanderfügen mehrerer Holzstücke in Blockverleimung ausreichend zu bekommen.

Dazu müssen die Holzstücke rechtwinklig zugesägt und glatt abgerichtet werden. Dies ist für den Einsteiger nicht immer selbst zu machen, doch jede Tischlerwerkstatt kann hier sicher weiterhelfen. Im Gegensatz zu einer Arbeit aus vollem Stammholz ist die Rißgefahr durch die Verleimung mehrerer Holzstücke erheblich reduziert oder ganz ausgeschlossen.

Wenn zwei oder mehrere trockene Holzstücke zu einem Block verleimt werden sollen, muß man auf das Arbeiten des Holzes achten.

Das Aufgehen von Leimfugen wird bei zwei aufeinandergefügten Stücken verringert, wenn sie links auf links verleimt werden, d. h. die dem Kern des Stammes zugewandten Bohlenseiten sollen nach außen weisen. Da die Holzstücke auf der dem Kern abgewandten linken Seite hohl werden, ist beim Verziehen schlimmstenfalls ein Aufgehen in der Mitte des Blocks zu befürchten.

Doch gerade bei einer figürlichen Arbeit sollten die Leimfugen außen dicht bleiben.

Werden drei oder mehr Holzstücke hintereinander gesetzt, kommen zwangsläufig auch einige Stücke links auf rechts zu liegen. Wie bei der Breitenverleimung, sollte auch bei der Blockverleimung der Kern aus den verwendeten Stücken entfernt werden. Die Teile können dann so, wie in der nebenstehenden Abbildung, zusammengefügt werden. Es ist dabei günstig, wenn bei den mittleren Teilen der Kernbereich nach außen gedreht wird.

Bei einem Block mit mehreren in der Breite verleimten Schichten sollen die Längsfugen versetzt angeordnet werden. Bei solchen Verleimungen können aber die vielen Leimfugen für die Ausarbeitung der Figur problematisch werden, da die Leimfugen immer als Linien zu sehen sind. Dies ist nicht weiter tragisch, da sich beide Stücke in die gleiche Richtung bewegen und die Leimfuge dabei geschlossen bleibt. Es ist sehr zu empfehlen, das Holz schon einige Tage vor der Verleimung im Arbeitsraum zu lagern, etwa wenn es lufttrocken von außen kommt.

Die formgerechte Verleimung

Soll eine Figur aus blockverleimtem Holz gearbeitet werden, dann muß die Lage der Leimfugen für das geplante Stück schon vorher festgelegt werden. Dazu kann ihr Verlauf in einer Seitenansicht der geplanten Figur eingezeichnet werden.

Keinesfalls sollte sie so wichtige Figurenbestandteile wie das Gesicht durchdringen.

Auch flach auslaufende Flächen sollten nicht geschnitten werden, um keine fladerartige Linie entstehen zu lassen. Die Leimfugen erscheinen in diesem Fall breiter. Durch geschicktes Auswählen der Bohlenstärke können die Fugen also auch unauffällig in die Figur integriert werden.

Die Holzanordnung

Fast immer werden die Holzstücke für eine Blockverleimung hintereinander angeordnet. Dies trifft für stehende Figuren, Köpfe und selbst für Tierfiguren zu.

Bei dieser Anordnung in Langholz lassen sich schwierigere Formteile, wie Gesichter, leichter ausarbeiten. Bei flach gestreckten oder liegenden Figuren können die Schichten auch übereinander angeordnet werden.

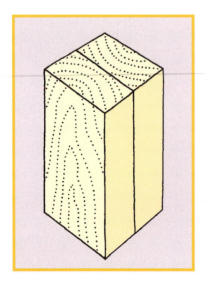

Die linken Holzseiten weisen zur Rinde.

Die Blockverleimung

Die Ausführung

Folgende Hilfsmittel sollten für eine Verleimung bereitliegen:
- Weißleim
- Spachtel
- Schraubzwingen
- kleine Nägel
- Hammer
- nasser Schwamm

Ferner sind zwei gleich stark gehobelte Leisten von etwa 5 x 5 cm hilfreich zum Auflegen des Blocks. Untergelegtes Zeitungspapier fängt Leim auf. Die Leimreste am Holzblock können mit dem Schwamm beseitigt werden. Die Schraubzwingen sollten mit größtmöglicher Kraft angezogen werden, so daß der Leim seitlich aus den Fugen herausperlt.

Größere stehende Figur

Aus einem Lindenholzklotz soll die ca. 30 cm große Figur eines Hornbläsers geschnitzt werden. Die Figur ist so gestaltet, daß sie aus einem Stück geschnitzt werden kann. Man kommt hier ohne Verleimung aus. Ähnlich wie bei den Stabholzfiguren gibt auch hier das Holz schon die Form vor. Eine gute, materialgerechte Gestaltung richtet sich auch nach diesen Gegebenheiten.

Die Figur im Mantel wirkt durch ihre relativ geschlossene Form. Der Kopf und das Horn sind dagegengesetzt und heben sich so plastisch ab. Formausschnitte am Mantel und dessen Überhängen gliedern die Figur und lockern sie auf.

Für die Befestigung der Figur sind zusätzlich mindestens 4 cm einzuplanen. Die Figur kann zwischen die Bankhaken gespannt oder von unten festgeschraubt werden. Optimal wäre eine Befestigung mit Galgen und Figurenschraube. Die Größe des Rohklotzes sollte so bemessen sein, daß beiderseits noch etwa 0,5 cm und nach hinten mindestens 1 cm Material überstehen.

Zum groben Anlegen der Figur benötigen wir das Flacheisen 2,5/25, das Flachhohleisen 5/14 und den Hohlbohrer 11/16. Außerdem wird ein Klüpfel benötigt. Er wird verwendet, wenn zum Absetzen des Kopfes quer zum Holz gearbeitet werden muß.

Gute Hilfe beim Aufzeichnen der Figur auf das Holz und beim fort-

Bei größeren Verleimungen sichern flach eingeschlagene Nägel vor dem Verrutschen an den Leimfugen.

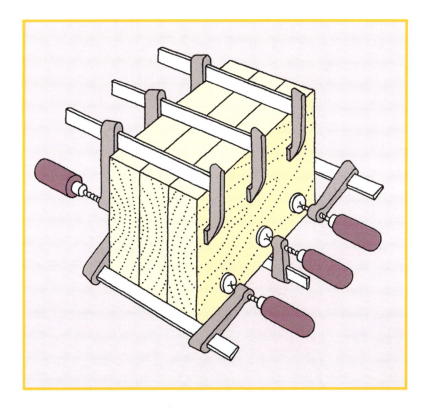

Die Blockverleimung

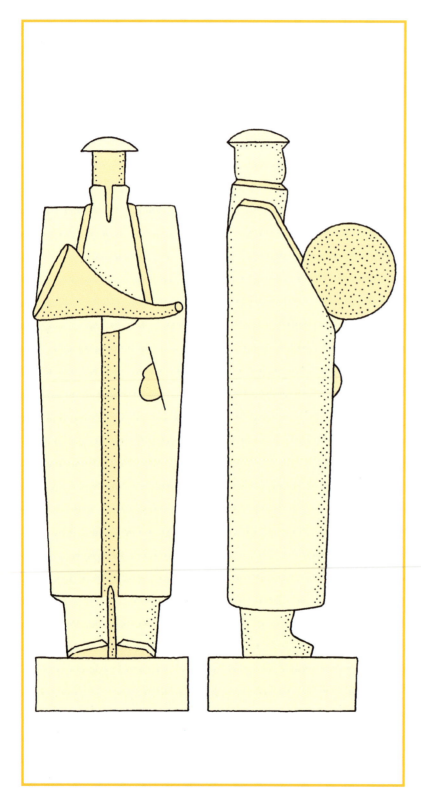

schreitenden Herausarbeiten der Form leisten vorher gefertigte Schablonen aus Karton.

Grundsätzlich wird beim Figurenschnitzen immer von vorn nach hinten gearbeitet. Das heißt, daß mit der Rückseite der Figur erst dann begonnen wird, wenn die Vorderseite schon weitgehend angelegt ist. So besteht immer noch die Möglichkeit, noch nicht weggeschnitztes Holz auf der Rückseite zu nutzen und die Vorderseite tiefer in das Holz zu legen, etwa wenn beim Ausformen ein Fehler unterlaufen ist.

Zuerst wird mit dem Hohleisen die besonders deutliche Absatzkante unterhalb des Horns und des Mantels quer zum Holz abgesetzt. Gleichzeitig werden die zwischen den Hohlschnitten stehengebliebenen Holzmassen von vorn mit dem Flach- bzw. dem Flachhohleisen weggeschlagen. Dieser Vorgang wird solange wiederholt, bis die Vorderseite deutlich plastische Formen aufweist. Das Horn sollte z. B. weit abstehen, ober- und unterhalb davon die Mantelfläche zurückfliehen, bis der Kopf und der Beinabsatz abschließt.

Wenn die Vorderseite deutliche Konturen aufweist, kann mit dem Anlegen der Seitenflächen begonnen werden. Durch breitflächige Schnitte mit dem Flacheisen erreicht man hier eine flach gewölbte Form. Dabei sollen die Flächen etwas konisch nach

Werkzeichnung für den Hornbläser mit den wichtigsten Maßen für die grobe Vorarbeit.

Die Blockverleimung

vorne zulaufen. Deutlich tritt die Form hervor, wenn mit dem Hohleisen der Kopf freigearbeitet wird. Das Holz wird über der Schulter ansteigend und seitlich vom Kopf auseinandergehend weggehauen. In diesem Stadium müssen noch keine Details der Figur angelegt werden. Die Grobfigur muß ständig auf ihre Form kontrolliert werden. Dies kann sowohl durch Augenmaß als auch mit Hilfe der Schablonen geschehen. Das als wabenförmige Holzmasse vorn aufliegende Horn wird nun nach rechts abgeflacht, so daß der Trichter seine Form erhält. Schnitte mit dem Hohleisen 7/16 in Längsrichtung lassen die Trichterform rasch entstehen. Nun kann auch die Rückseite in Angriff genommen werden.

Sie erhält mit dem Flacheisen eine leicht geschwungene Kontur, die in die gerundeten Schultern übergeht. Feinere Ausarbeitungen beginnen mit dem Hohleisen 11/10. So werden zum Beispiel der Hals, die Kopfbedeckung und die Füße schärfer abgesetzt. Auch der Kragen wird so markiert. Das größere Hohleisen wird dagegen zum Ausarbeiten der Mantelöffnung benutzt. Ist die Anlage soweit vorgeschritten, daß die Figur gut erkennbar ist, beginnt die Oberflächengestaltung oder das Überschneiden.
Mit den schmalen und breiten Flacheisen werden die großen und weitgehend ebenen Flächen geglättet. Die Flächen sollen so glatt sein, daß keine faserigen Stellen und abstehende Holzfasern mehr zu sehen sind. Die Flächen sollen allerdings nicht vollständig glatt gearbeitet werden. Eine Belebung der Oberfläche durch stehengebliebene Schnittkanten ist durchaus interessant.
Enge Stellen, Hohlkehlen und Absätze werden mit dem Hohleisen sauber geschnitten. Oft muß eine Stelle allerdings auch mehrmals überschnitten werden.

Anlegeschritte einer Hornbläserfigur.

Oberflächenbehandlung

Durch die Oberflächenbehandlung soll eine Schnitzerei vor äußeren Einflüssen, wie Schmutz oder Feuchtigkeit, geschützt und seine dekorative Wirkung erhöht werden.
Meist geschieht dies durch Anstreichen mit Leinölfirnis, Auftragen von Wachs oder Lackieren, während durch Beizen oder Bemalen die dekorative Wirkung erhöht wird.
Welche Art der Behandlung man anwendet, ist im Einzelfall zu entscheiden. Manche Arbeiten sollten sogar besser im Rohzustand belassen werden.

Ölen

Die Maserung des Holzes wird durch Ölen verstärkt; man sagt, das Holz wird angefeuert. Bei glatten Gegenständen, wie etwa Schalen, tritt so die Schönheit des Holzes in den Vordergrund. Bei figürlichen Arbeiten ist das aber nicht immer vorteilhaft.
Zum Ölen wird meist Leinölfirnis, ein Produkt, das aus reinem Leinöl hergestellt ist, verwendet.
Halböl, eine Mischung aus einem Teil Firnis und einem Teil Terpentinöl oder Terpentinersatz, gibt einen schwächeren Film und dringt schneller ins Holz ein. Da reines Leinöl langsam trocknet und zum Verharzen neigt, ist es nicht für die Oberflächenbehandlung geeignet.
Das gewählte Mittel wird mit einem Pinsel oder einem Lappen aufgetragen. Nach etwa dreißigminütiger Trockenzeit nimmt man den Überschuß mit einem Lappen von der Oberfläche ab.
Ölgetränkte Lappen können sich selbst entzünden und müssen deshalb in einem luftdicht verschließbaren Metallgefäß aufbewahrt werden.

Wachsen

Eine seidig mattglänzende Oberfläche entsteht durch das Wachsen. Schnittkanten und Schnittflächen werden so in ihrer Wirkung verstärkt.
Für Schnitzarbeiten eignen sich Produkte auf Bienenwachsbasis am besten. Es gibt sie als Pasten, Balsame oder flüssige Lösungen.
Das Wachs wird entweder mit einem sauberen Baumwollappen oder einem Pinsel aufgetragen. Wenn die Oberfläche nach dem Trocknen mit einem Wollappen abgerieben wird, entsteht ein seidiger Glanz.

Rechts im Bild eine Glättebürste zum Bearbeiten ebener, gewachster Flächen.

Eine Bienenwachslösung kann selbst hergestellt werden, wenn man 100 g Bienenwachs im Wasserbad erwärmt und langsam einen Liter Terpentinöl, nicht zu verwechseln mit Terpentinersatz, darunterrührt. Ein Wachsüberzug ist nicht wasserbeständig, läßt sich aber von Zeit zu Zeit auffrischen.

Beizen

Die Veränderung des natürlichen Holztons unter Beibehaltung der Holzstruktur erreicht man durch Beizen. Für den Einsteiger eignen sich Fertigbeizen, die mit metallfreien Pinseln aufgestrichen werden müssen. Sie sind in vielen dekorativen Farbtönen erhältlich. Auf Nadelhölzern erzeugen sie Farbveränderungen, die die natürliche Wirkung des Holzes umkehren, da die darin enthaltenen Pigmente vom weichen, hellen Frühholz stärker aufgesaugt werden. Ebenso dringen sie gut in

Verschiedene Produkte zum Einölen von Holzoberflächen.

Oberflächenbehandlung

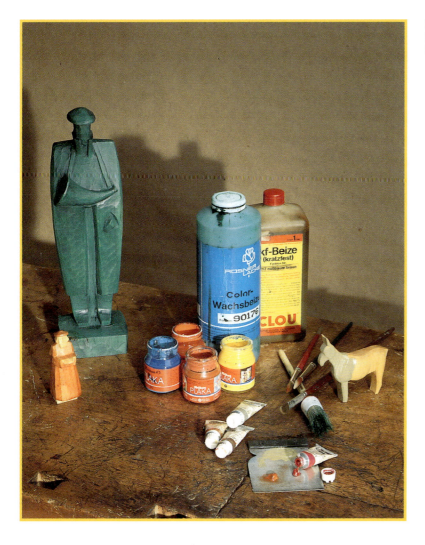

Bei der Verwendung von Wachsbeize ist kein separater Wachsauftrag mehr nötig.

Hirnholzstellen ein, die dann farbintensiv hervortreten. Vor jedem Beizen sollte eine Probe auf einem Holzstück gemacht werden, um die Beizwirkung zu prüfen.

Bemalen

Eine lasierende oder deckende Farbwirkung erhält man mit Acryl-, Plaka- oder Ölfarbe. Bei der Verwendung von Plakafarbe ist eine Grundierung der stark saugenden Holzoberfläche nötig.
Neben dem Gebrauch handelsüblicher Grundierungen ist auch das Vorleimen mit sogenanntem Dispersionsbinder oder einer Knochenleimtränke aus Perl- oder Hautleim möglich. Oft ist ein mehrfacher Auftrag der Grundierung nötig.
Bei lasierenden Anstrichen, bei denen die Holzstruktur durchscheint, kann auch direkt auf das Holz gestrichen werden. Die Farben müssen hier mit Wasser bzw. bei Ölfarbe mit Malmittel oder Terpentinöl verdünnt werden.
Beim Behandeln der geschnitzten Oberflächen braucht man Fingerspitzengefühl und etwas Erfahrung, um eine mühevoll erstellte Schnitzerei nicht zu verderben. Deshalb sollte vorher immer auf separaten Holzstücken probiert werden. Bei der Anwendung von Oberflächenmitteln sind unbedingt die Herstellerangaben zu beachten.

Ravensburger®
Werkstoff Holz

Helmut Schubert
Handbuch Schnitzen
Dieser Band bietet eine umfassende
Einführung in die Kunst des Holzschnitzens.
ISBN 3-332-01141-3

Albert Jackson/David Day
Handbuch der Holzbearbeitung
Reich illustriertes Nachschlagewerk über die
Holzbearbeitungstechniken für den Anfänger
und für den geübten Schreiner.
ISBN 3-332-00926-5

Derrick Crump
Behandlung von Holzoberflächen
Ein praktisches Handbuch zu den wichtigsten
traditionellen und modernen Methoden und
Verfahren der Oberflächenbehandlung und
-gestaltung von Holz für Anfänger und für
Fortgeschrittene.
ISBN 3-332-00921-4